QU'EST-CE QUE LA PEINE DE MORT ?

CHEMINS PHILOSOPHIQUES
Collection dirigée par Magali BESSONE et Roger POUIVET

Benoît BASSE

QU'EST-CE QUE LA PEINE DE MORT ?

PARIS
LIBRAIRIE PHILOSOPHIQUE J. VRIN
6 place de la Sorbonne, V^e^

2025

Imprimé en France
ISSN 1762-7184
ISBN 978-2-7116-3240-4
www.vrin.fr

à Michel Terestchenko

INTRODUCTION

Une question dépassée ?

Pourquoi revenir sur la question de la peine de mort ? Le débat portant sur sa légitimité n'est-il pas définitivement derrière nous ? On sait qu'en France, le combat politique pour l'abolition commença dès la Révolution française, sous la première Constituante [1], et s'acheva en 1981, à l'initiative du Président de la République François Mitterrand et de son garde des Sceaux Robert Badinter. Depuis 2002, la peine de mort est en outre contraire à la Constitution de la Ve République, à la suite de la réforme constitutionnelle voulue par le Président Jacques Chirac [2]. Au niveau des institutions européennes, l'abolition constitue pour chaque État une des conditions d'appartenance, tant au Conseil de l'Europe qu'à l'Union européenne. De sorte qu'un éventuel rétablissement de la peine capitale en Europe apparaît, en l'état actuel des choses, peu probable. Pourtant, la prudence reste de mise. Ce qui fut institué à une époque peut toujours, en théorie, être déconstruit. Par ailleurs, rappelons que si la tendance mondiale est à l'abolition, il reste encore, à l'heure où

1. En 1791, alors que l'Assemblée constituante engage une réforme du code pénal, le rapporteur du projet, Le Pelletier de Saint-Fargeau, plaide pour l'abolition de la peine de mort, au nom de son inefficacité.

2. L'article 66-1 de la Constitution française dispose que « nul ne peut être condamné à la peine de mort ».

nous écrivons ces lignes, 51 États rétentionnistes sur les 198 États membres ou observateurs que comptent les Nations Unies.

En outre, il existe selon nous une raison supplémentaire de ne pas considérer le débat sur la légitimité de la peine de mort comme appartenant aux oripeaux de l'histoire. En effet, contrairement à l'abolition de l'esclavage, l'abolition de la peine de mort ne s'est pas accompagnée d'un changement radical des mentalités et de l'opinion publique. Si nul ne songe à rétablir l'esclavage, il n'en va pas de même, en revanche, de la peine de mort. Régulièrement, des sondages nous rappellent à quel point les opinions publiques d'Europe restent très divisées en la matière. Force est de constater que pour environ la moitié de nos contemporains, l'idée selon laquelle il ne faudrait *pas* faire mourir les assassins ne va absolument pas de soi. De plus, l'hypermédiatisation de certains crimes particulièrement atroces et le contexte de lutte contre le terrorisme alimentent le sentiment que l'abolition fut le fait d'une classe dirigeante « élitiste », coupée des véritables préoccupations sécuritaires du « peuple ». Enfin, certains intellectuels français, juristes ou philosophes, n'hésitent plus à faire entendre une voix discordante. D'aucuns réclament tout simplement la réintroduction de la peine de mort pour les crimes de droit commun[1], tandis que d'autres regrettent qu'on l'ait totalement abolie, estimant qu'il conviendrait de la réserver aux criminels contre

1. C'est le cas notamment des deux juristes suivants : J.-L. Harouel (*Libres réflexions sur la peine de mort*, Paris-Perpignan, Desclée de Brouwer, 2019) et G. Guyon (*Plaidoyer pour une peine capitale : essai*, Poitiers, Éditions DMM, 2014). Nous remercions le Professeur Guillaume Boudou de nous avoir signalé ces ouvrages.

l'humanité[1]. Aux États-Unis, où la peine capitale demeure légale dans vingt-sept États, le débat demeure bien vivant, du moins chez un certain nombre d'universitaires auxquels nous accorderons une large place.

La conviction qui nous anime est donc la suivante : la question de la légitimité de la peine de mort est loin d'être désuète, et elle demeure extrêmement controversée. Certes, nous ne feindrons pas d'être nous-même dans le doute quant à la réponse qu'il convient d'apporter en dernier lieu à la question de la légitimité de la peine capitale. Sans doute serait-il vain de prétendre aborder un tel sujet de façon « neutre » et de dissimuler notre parti pris abolitionniste. Mais l'honnêteté intellectuelle nous semble consister à prendre véritablement au sérieux les arguments de part et d'autre, ce qui peut nous conduire à relativiser certains arguments mis en avant par une certaine vulgate abolitionniste.

Enfin, il n'est pas exclu que nous ne cherchions en la matière qu'une rationalisation *a posteriori* d'une conviction forgée antérieurement à toute réflexion philosophique. C'est bien ce que soupçonnait Nietzsche lorsqu'il écrivait : « [les philosophes] se présentent tous sans exception comme des gens qui auraient découvert et atteint leurs opinions propres en vertu du déploiement autonome d'une dialectique froide, pure, d'un détachement divin […] : alors qu'ils défendent au fond, avec des raisons cherchées après coup, un principe posé d'avance, un *caprice*, une illumination, la plupart du temps un vœu de

1. C'est la position exprimée récemment par André Comte-Sponville dans son *Dictionnaire philosophique* (Paris, Puf, 3e éd., 2021) et à laquelle nous avons répondu. Voir B. Basse, « Peine de mort », dans M. Kristanek (dir.), *L'Encyclopédie philosophique*, https://encyclo-philo.fr/item/1737.

leur cœur rendu abstrait et passé au tamis »[1]. Pourtant, reconnaître avec Nietzsche que les convictions des uns et des autres ne sont pas le produit d'une « raison pure » n'empêche nullement de les examiner rationnellement, afin qu'elles ne soient précisément pas de simples « caprices ».

État des lieux du débat

Historiquement, c'est au XVIIIe siècle que l'on commença à remettre en cause le bien-fondé de la peine de mort. On ne trouve en effet aucune trace, avant le siècle des Lumières, d'un débat portant sur la peine de mort *en tant que telle*. De l'Antiquité au XVIIe siècle, de Platon à Hobbes, aucun des grands philosophes politiques ne jugea nécessaire de problématiser la peine capitale : sa légitimité allait tout simplement de soi. Elle était perçue comme une prérogative de l'autorité politique et de l'exercice de la souveraineté. Par ailleurs, son utilité sociale n'était jamais interrogée. À cet égard, il revient en grande partie au marquis italien Cesare Beccaria et à son traité *Des délits et des peines* (1764) d'avoir enfin permis à ce débat d'émerger. De sorte qu'à sa suite, bon nombre de philosophes se sentirent tenus d'argumenter « pour » ou « contre » cette peine. Nous consacrerons d'ailleurs nos deux commentaires, dans la deuxième partie de ce livre, à Beccaria et Kant, dans la mesure où leur opposition peut à juste titre apparaître comme fondatrice et structurante du débat.

Du côté abolitionniste, on s'est d'abord efforcé de remettre en cause l'utilité sociale des exécutions capitales. C'est en ce sens que Beccaria, puis Bentham, contestèrent

1. F. Nietzsche, *Par-delà le bien et le mal*, 1re section § 5, trad. fr. P. Wotling, Paris, GF-Flammarion, 2000, p. 51, nous soulignons.

le caractère dissuasif de la peine de mort, estimant que certaines peines alternatives s'avéraient au moins aussi efficaces en matière de lutte contre la criminalité. C'est sans doute cette ligne d'argumentation utilitariste qui fut décisive en Europe, au point de conduire les États sur la voie de l'abolition. En France, on sait que Robert Badinter ne cessa de mettre en avant l'absence de corrélation entre l'usage de la peine de mort et le taux de criminalité d'une société, d'abord en tant qu'avocat, puis comme militant, et enfin comme ministre de la justice, lors de son discours du 10 septembre 1981 à l'Assemblée nationale. Mais comme il eut l'occasion de s'en expliquer, il s'agissait surtout à l'époque, dans le contexte d'une société pratiquant encore la peine de mort, de répondre à l'argument fallacieux selon lequel l'abolition provoquerait inévitablement un accroissement de la criminalité sanglante[1].

De fait, il nous semble que la nature du débat sur la peine de mort a désormais quelque peu changé et qu'il nous faut en prendre acte. Pour aller droit à l'essentiel, disons qu'il est devenu beaucoup plus difficile, voire téméraire, de défendre la peine capitale en vertu de sa soi-disant utilité en matière de lutte contre la criminalité. Voici plusieurs décennies que les États membres de l'Union Européenne l'ont tous abolie sans que s'ensuive une quelconque hausse de la criminalité sanglante, bien au contraire. Les études comparatives les plus sérieuses aboutissent toutes à la conclusion selon laquelle il est impossible d'établir une relation de causalité entre la présence ou l'absence de la peine de mort dans l'arsenal

1. Voir « Entretien exceptionnel avec Robert Badinter : comment fonder l'abolition de la peine de mort ? », Propos recueillis par B. Basse, *Philosophie Magazine*, n° 178, avril 2024.

pénal d'une part, et le taux de criminalité d'une société d'autre part[1]. De sorte qu'une heureuse clarification a pu avoir lieu s'agissant des véritables motifs des partisans de la peine de mort. En vérité, être favorable à la peine capitale revient essentiellement à considérer la mort de certains criminels comme une *exigence de justice*, et non plus tellement comme un moyen d'accroître la sécurité de tous. Ainsi, comme l'écrivait à juste titre le sociologue suédois Thorsten Sellin en 1979, « de nos jours, partout où la mort est brandie comme une menace et où des meurtriers sont exécutés, c'est en réalité le sentiment que le meurtrier doit *payer* de sa vie pour son forfait qui inspire et soutient la pratique légale de la peine capitale[2] ». C'est d'ailleurs la raison pour laquelle, nous le verrons, l'abolitionnisme contemporain devrait surtout se consacrer à déconstruire les discours rétributivistes de type kantien, plutôt que de réfuter des arguments utilitaristes ayant perdu une grande partie de leur force[3].

1. Le travail qui fait désormais autorité en la matière est celui du National Research Council américain, qui livra sa conclusion en avril 2012, après avoir passé en revue les différentes études menées jusqu'alors sur le caractère dissuasif de la peine de mort. Nous y reviendrons plus loin. Voir Committee on Deterrence and the Death Penalty, « Deterrence and the Death Penalty », National Research Council, Report Brief, 2012. URL : https://deathpenaltyinfo.org/documents/NatResCouncil-Deterr.pdf.

2. T. Sellin, *The Penalty of Death*, London, Sage, 2013, p. 37, nous traduisons.

3. C'est un point qu'avait bien vu Jacques Derrida : « tant qu'on n'aura pas déconstruit [...] un discours de type kantien, ou hégélien, qui prétend justifier la peine de mort de façon principielle, sans souci d'intérêt, sans référence à la moindre utilité, on s'en tiendra à un discours abolitionniste précaire, limité, conditionné par les données empiriques et, par essence, provisoires d'un contexte » (J. Derrida et E. Roudinesco, *De quoi demain... Dialogue*, Paris, Champs-Flammarion, 2001, p. 243). En revanche, Derrida nous semble faire fausse route lorsqu'il

En outre, le débat gagnera encore en clarté si l'on parvient à déterminer la nature du lien qui unit la peine de mort aux différentes philosophies pénales en présence. Reconnaissons en effet qu'il existe un nombre limité de théories pénales, chacune s'efforçant de répondre aux questions fondamentales suivantes : peut-on justifier l'institution pénale en général ? Ou encore, pour parler comme le philosophe du droit Herbert Hart, quel est le « but général justifiant[1] » au nom duquel il est licite de punir ? Par ailleurs, peut-on justifier telle peine en particulier ? Qui doit-on punir ? Comment punir ? Qu'est-ce qu'une peine juste ? Nous serons amené à évoquer les deux théories pénales dominantes, afin d'examiner le rapport que chacune entretient avec la peine de mort. À cet égard, nous soutiendrons que *ni le rétributivisme, ni l'utilitarisme pénal n'impliquent nécessairement le recours à la peine de mort.*

cherche dans la pensée de Martin Heidegger les éléments d'un discours abolitionniste véritablement consistant. Voir son *Séminaire sur la peine de mort. Volume 2 (2000-2001)*, Paris, Éditions Galilée, 2015, p. 202-214.

1. Voir H. L. A. Hart, « Prolégomènes aux principes de la peine », trad. fr. B. Basse et N. Nayfeld, *DROITS* 76 (2), 2022, Paris, Puf, 2023, p. 251-276.

CHAPITRE PREMIER

RÉTRIBUTIVISME ET PEINE DE MORT

Les partisans de la peine de mort, dans leur grande majorité, voient dans l'application de cette peine une pure exigence de *justice*. Selon eux, les meurtriers – ou du moins certains d'entre eux – ne *méritent* plus de vivre. Du simple fait qu'ils ont ôté la vie d'autrui, ils ont perdu le droit à la vie. Cette vision des choses s'appuie sur ce que l'on nomme en philosophie du droit pénal la conception *rétributiviste* de la peine. Disons, en première approche, qu'elle consiste à justifier l'infliction d'une certaine peine au criminel au nom de ce que ce dernier est supposé « mériter » (ou encore de ce qui lui est « dû »), simplement en vertu de son infraction à la loi. On fait souvent remarquer que ce type de théorie a tendance à regarder « en arrière » (vers l'infraction commise), plutôt qu'« en avant » (vers les conséquences prévisibles de la sanction). Or s'il est vrai que, de fait, les partisans de la peine de mort sont très souvent rétributivistes, la question se pose de savoir si le rétributivisme pénal conduit nécessairement à justifier la peine capitale. Sans doute l'habitude a-t-elle trop souvent été prise de considérer que tel était le cas. De plus, cette question s'avère cruciale afin de déterminer si, en dernier lieu, le conflit entre partisans et adversaires de la peine de mort renvoie de façon plus générale à un désaccord sur ce que Hart appelait le « but général justifiant » de la peine. Nous espérons pouvoir montrer au contraire que quelle que soit la raison qui nous semble justifier la pratique de la peine en général, il ne s'en déduit aucune réponse nécessaire à la question de la légitimité de la peine de mort.

L'APPROCHE RÉTRIBUTIVISTE DE LA PEINE

Selon un usage désormais bien établi, on qualifie de « rétributiviste » l'approche de la justice pénale selon laquelle la sanction vise essentiellement à donner à l'individu reconnu coupable d'une infraction la sanction qui lui est « due » en raison même de l'infraction qu'il a commise. C'est ainsi que le *rétributivisme* estime pouvoir justifier l'infliction d'une souffrance à tout être humain tenu pour libre et responsable de ses choix. Or il fait peu de doute que l'approche « rétributiviste » de la justice pénale entretient à première vue des liens extrêmement étroits avec la justification de la peine de mort.

Cette manière de justifier l'infliction de peines – et de la peine de mort en particulier – est très explicite dans la Bible et dans la pensée chrétienne en général. À cet égard, le fait que la doctrine de l'Église ait récemment évolué vers une condamnation catégorique de la peine capitale ne doit pas nous faire oublier qu'il s'agit là d'une rupture assumée par le Pape François avec la tradition théologique chrétienne, largement favorable à la peine de mort[1]. L'Ancien Testament établit très clairement un

1. Sur décision du Pape François, l'article 2267 du Catéchisme de l'Église catholique fut modifié de la sorte : « la suppression de la vie d'un criminel, comme punition d'un délit, est inadmissible, parce

lien essentiel entre justice et *rétribution* et multiplie les justifications de la peine de mort, non seulement en cas de meurtre, mais pour d'autres types de crimes également. Dès la *Genèse*, la mise à mort des meurtriers se voit justifiée : « Si quelqu'un verse le sang de l'homme, par l'homme son sang sera versé ; car Dieu a fait l'homme à son image[1] ». D'ailleurs, Dieu lui-même exerce sa justice envers les hommes en leur « rendant » ce qui leur est dû[2]. Saint Paul renchérit, expliquant que Dieu « rendra à chacun selon ses œuvres : la gloire et l'honneur à ceux qui persévèrent dans les bonnes œuvres, mais à ceux qui ne se rendent pas à la vérité mais embrassent l'iniquité, la colère et la réprobation[3] ». Le rétributivisme constitue donc la raison d'être de la justice divine et de celle des hommes.

Contrairement à la pensée utilitariste, la tradition rétributiviste n'a jamais eu de difficulté à reconnaître que la sanction infligée par le juge constituait non pas simplement un mal nécessaire, mais un véritable *bien*. Dans la mesure où un certain « ordre moral » a été perturbé par l'action criminelle – qu'il s'agisse d'un ordre moral voulu et instauré par Dieu ou d'un ordre moral conforme à la raison humaine –, la punition du coupable est appréhendée comme un bien, en ce qu'elle restaure la

qu'elle attente à la dignité de la personne, laquelle n'est pas perdue, même après des crimes très graves. » Où l'on voit que l'invocation de la « dignité » humaine sert désormais à refuser la peine de mort, tandis que cette même notion servait jusqu'alors à justifier la mise à mort de celui qui s'était rendu sacrilège, en ôtant une vie humaine.

1. *Genèse*, IX, 6. Pour d'autres justifications de la peine de mort dans la Bible, voir *Exode*, XX, 13 ; *Lévitique*, XXIV, 17, *Nombres*, XXXV, 30-34 ; *Deutéronome*, XIX, 4-6 et 10 ; *Isaïe*, LIX, 14-18 ; *Matthieu*, V, 38-48 ; *Épître aux Hébreux*, IX, 22.

2. *Psaumes*, 61, v. 13.

3. Saint Paul, *Lettre aux Romains*, 2, v. 6-8.

dignité de cet ordre moral offensé par le criminel. Selon Thomas d'Aquin, les juges font partie de ces hommes qui, sur terre, sont « établis au-dessus des autres » et sont chargés d'exécuter les desseins de la Providence, à savoir « que les méchants soient punis » et que « la faute rentre dans l'ordre[1] ». Mais il y a plus. Non seulement la punition est ici appréhendée comme un bien, mais le terme de « vengeance » n'est pas nécessairement connoté négativement. Ce point est important, car les auteurs les plus critiques à l'égard du rétributivisme ont souvent estimé qu'ils tenaient là une objection décisive à son encontre : le rétributivisme ne serait en définitive que l'écho d'une pulsion de vengeance, et non pas une conception rationnelle de la justice. Mais c'est faire peu de cas de la finesse des distinctions proposées par Thomas d'Aquin notamment. Ce dernier considère en effet qu'il n'y a rien d'immoral, bien au contraire, dans le fait de souhaiter que les criminels soient punis de façon à subir la sanction qui leur est due. Prise en ce sens, la « vengeance » ne manifeste aucun égoïsme malsain, mais l'attachement à un ordre moral incompatible avec l'impunité des coupables. Il nous faut citer tout le passage dans lequel Thomas d'Aquin établit les conditions d'une vengeance licite :

> La vengeance se réalise par un mal de peine infligé au pécheur. Il faut donc considérer l'intention de celui qui l'exerce. Car si son intention se porte principalement sur le mal de celui dont il se venge, et s'attarde sur ce mal, c'est absolument illicite, parce que se réjouir du mal d'autrui relève de la haine, opposée à la charité dont nous devons chérir tous les hommes. Et ce n'est pas une excuse de vouloir du mal à celui qui nous en a

1. Thomas d'Aquin, *Somme contre les Gentils III : La Providence*, trad. fr. V. Aubin, Paris, GF-Flammarion, 1999, chap. 146, p. 496.

> causé injustement, de même qu'on n'est pas excusé de haïr ceux qui nous haïssent. [...] Mais si l'intention, dans la vengeance, se porte principalement sur un bien que doit procurer le châtiment du pécheur, par exemple son amendement, ou du moins sa répression, le repos des autres, le maintien de la justice et l'honneur de Dieu, la vengeance peut être licite, en observant les autres circonstances requises[1].

On voit que *l'intention* dans laquelle la vengeance est exercée est primordiale pour que celle-ci acquière un caractère moral. La souffrance du coupable ne doit pas être visée comme une fin en soi, mais comme un simple moyen de réaffirmer la valeur de l'ordre moral. C'est pourquoi on ne saurait disqualifier le rétributivisme pénal en se contentant de souligner son étroite relation avec l'idée de vengeance. Après tout, comme le souligne Walter Berns, un « chasseur de nazis » tel que Simon Wiesenthal n'a-t-il pas été animé par une intention profondément rétributiviste ? Il lui apparaissait tout simplement injuste que des criminels contre l'humanité n'aient pas de comptes à rendre devant la justice.

LA DÉFENSE RÉTRIBUTIVISTE DE LA PEINE CAPITALE

Essayons à présent de formuler le syllogisme rétributiviste cher aux partisans de la peine capitale :

1) Les malfaiteurs méritent d'être punis.

2) Plus leur crime est grave, plus la peine qu'ils méritent doit être sévère.

3) Or certains crimes sont si graves que seule une condamnation à mort permet de respecter le principe de proportionnalité entre le crime et la peine.

1. Thomas d'Aquin, *Somme théologique*, 2a 2ae, Q. 108, Paris, Cerf, 1985, p. 670.

4) Les pires criminels doivent donc être punis de mort.

Cette démonstration repose non seulement sur la prémisse rétributiviste étudiée plus haut, mais également sur le principe de *proportionnalité des peines* qui, à vrai dire, s'en déduit. En effet, le criminel ne mérite pas simplement une peine en général, mais plus précisément une peine proportionnée à la gravité de son délit ou de son crime. C'est ce qu'explique à nouveau Thomas d'Aquin[1] :

> S'il y a une gradation dans les actes vertueux et dans les péchés, [...] il doit aussi y avoir une gradation dans les récompenses et les peines. Autrement, [...] l'égalité ne serait pas préservée.[2]

Le point crucial conduisant à justifier la peine de mort est qu'une proportionnalité simplement *ordinale* (consistant à prévoir des peines plus sévères à mesure qu'augmente la gravité des crimes et délits) serait tout à fait insuffisante pour garantir une véritable « égalité » entre l'offense et sa punition. Il est en outre nécessaire de viser une certaine correspondance entre la peine et l'acte délictueux. Comme l'expliquent Edward Feser et Joseph Bessette, « la proportionnalité de la peine n'est pas simplement *quantitative*, mais également *qualitative*[3] ». Parmi les philosophes modernes, sans doute est-ce Kant qui reformulera avec le plus d'insistance la nécessité de

1. Thomas d'Aquin s'inscrit ici dans la lignée d'Aristote, pour qui la justice pénale relève de la justice « commutative », qui vise *l'égalité* dans les échanges et dans la réparation des torts. Autrement dit, le juge doit restaurer l'égalité entre la partie lésée et celle qui s'est octroyée plus que son dû. Voir Aristote, *Éthique à Nicomaque*, Livre V, chap. 4 et 5.

2. Thomas d'Aquin, *Somme contre les Gentils III : La Providence*, *op. cit.*, chap. 142, p. 486.

3. E. Feser et J. M. Bessette, *By Man Shall his Blood Be Shed*, San Francisco, Ignatius Press, 2017, p. 44, nous traduisons.

recourir à une proportionnalité *cardinale*, impliquant une véritable correspondance entre le crime et la peine qui le sanctionne[1]. En tout état de cause, il semble bien difficile – et sans doute téméraire – de nier qu'il existe au cœur même de notre idée de justice une exigence de *réciprocité*.

Par où l'on voit aussi que le rétributivisme pénal ne saurait accepter l'idée d'un droit *inconditionnel* à la vie. Au contraire, d'un point de vue moral, le droit à la vie est ici conditionné au respect de la vie des autres. C'est notamment la raison pour laquelle le Cinquième Commandement du Décalogue (« Tu ne tueras point ») n'a jamais constitué dans la tradition judéo-chrétienne une objection contre la peine de mort. Là encore, comme l'explique Thomas d'Aquin, « ce qui est interdit est de tuer des hommes injustement[2] ». D'ailleurs ce même commandement est suivi d'une précision : « Tu ne laisseras pas vivre la magicienne[3] ». On retrouve la même mise au point chez Luther : « Remarquez cependant que ce commandement ne concerne pas les autorités, et que le pouvoir d'ôter la vie ne leur est pas ôté[4] ». Quoi qu'on en dise parfois, il n'y a là aucune contradiction logique de la part des rétributivistes, dans la mesure où ce n'est pas le fait de faire mourir n'importe quel être humain en général qu'ils condamnent, mais le fait de tuer des *innocents*. Du reste, l'analogie suivante permet d'éclairer leur point de vue : ce n'est pas parce que le droit nous garantit une

1. Voir ici même, dans le commentaires, notre analyse du texte de Kant.

2. Thomas d'Aquin, *Somme contre les Gentils III : La Providence*, *op. cit.*, chap. 146, p. 498.

3. *Exode*, 22, 18, traduction L. Sebond.

4. M. Luther, *Le Grand Catéchisme*, « Le Cinquième Commandement ».

certaine liberté d'action et de mouvement que nous jugeons illégitime de priver de leur liberté les criminels que nous incarcérons[1]. Ou plus simplement encore, lorsqu'un juge impose une sanction financière ou des dommages et intérêts, cela ne contredit aucunement la loi interdisant le vol. Qui plus est, la plupart de nos droits, y compris nos droits fondamentaux, sont en vérité soumis à certaines limites dans leur application. Même dans les États de droit les plus démocratiques, rarissimes sont les droits absolument indérogeables (comme le droit de ne jamais être torturé ou le droit à un procès équitable[2]).

Peine capitale et dignité humaine

Pas plus que la reconnaissance d'un « droit à la vie », l'obligation morale de respecter la « dignité humaine » n'empêche pas nécessairement les théoriciens rétributivistes de justifier la peine de mort, bien au contraire. Nombreux sont ceux qui estiment que c'est précisément en accordant aux criminels la sanction qui leur est due – celle véritablement proportionnée à leur crime –, que l'on fait preuve de respect envers leur dignité d'êtres humains, au sens où nous les traitons comme des êtres libres et responsables de leurs actes.

Il est frappant à cet égard de constater que le philosophe Emmanuel Kant, à qui l'on se réfère généralement pour penser la *dignité humaine*, défendit la peine capitale en y voyant précisément une façon de célébrer la dignité de l'homme, et non pas de l'offenser. Dans sa *Doctrine*

1. E. Feser et J. L. Bessette, *By Man Shall his Blood Be Shed*, *op. cit.*, p. 62.

2. Voir M. Delmas-Marty, « Droits de l'homme et systèmes de droit », *Le Débat* 83 (1), 1995, p. 146-151 ; Ch. Girard, « Le conflit des libertés », *Archives de philosophie* 84 (4), oct.-déc. 2021, p. 9-28.

du droit, Kant affirme sans ambiguïté que l'obligation morale de traiter tout être humain *comme une fin en soi*, et non pas « comme un simple moyen », s'applique tout autant aux criminels qu'aux autres hommes. Or c'est en lui accordant la peine qu'il mérite – celle dont la sévérité est correctement proportionnée à la gravité de son crime – que l'on respecte véritablement sa dignité. C'est alors qu'on le reconnaît comme un agent libre qui, contrairement aux choses et aux animaux, dispose de la liberté de se déterminer à agir selon ses propres fins. Qui plus est, d'un point de vue kantien, ce sont au contraire les considérations de type utilitariste qui reviennent à traiter le criminel comme un simple moyen et à nier sa dignité : il est alors utilisé par la société en vue d'atteindre un de ses objectifs, à savoir un niveau optimal de sécurité. Hegel, à son tour, verra dans la peine de mort la seule façon pour l'institution judiciaire d'honorer la dignité :

> Que la peine soit considérée comme contenant *son* propre *droit*, en cela le criminel est *honoré* comme un être-rationnel. Cet honneur ne lui revient pas lorsque le concept et l'étalon de sa peine ne sont pas tirés de son acte même ; il lui revient tout aussi peu lorsqu'il est seulement considéré comme une bête nuisible qu'il faut mettre hors d'état de nuire, ou lorsqu'on donne pour fins à la peine l'intimidation et l'amendement[1].

C'est du reste ce que continuent d'affirmer de nos jours bon nombre de partisans de la peine capitale. C'est le cas notamment de penseurs catholiques comme Edward Feser et Joseph Bessette pour qui la peine de mort « *affirme* la dignité humaine, précisément parce qu'en infligeant au criminel une peine proportionnée à son crime, on le traite

1. G. W. F. Hegel, *Principes de la philosophie du droit*, § 100, trad. fr. J.-F. Kervégan, Paris, Puf, 1998, p. 201.

comme un agent libre et rationnel, pleinement responsable de ses actes, et non pas comme un simple animal ou un robot[1] ». Ce à quoi il faut ajouter, selon cette perspective, que la peine capitale « affirme également la dignité des *victimes* des crimes les plus graves, dans la mesure où aucune peine moins sévère que la mort ne saurait exprimer la gravité de ce qui leur a été fait[2] ». Ce point est souvent mal compris : il ne s'agit pas de laisser libre cours à la haine, mais de manifester l'égale dignité de la victime dont la vie a été ôtée[3]. Même du côté des philosophes athées, certains estiment que le principe de dignité ne joue pas nécessairement en faveur de l'abolition. Peut-être Marcel Conche avait-il raison de se montrer prudent et d'afficher un certain scepticisme à l'égard de ceux qui prétendent pouvoir trancher la question de la peine de mort sur le seul terrain de la « dignité ». Car, comme il le faisait remarquer :

> Ce que nous avons dit au sujet de l'égalité de tous les hommes et de la dignité de l'être humain ne nous permet pas de nous prononcer dans un sens ou dans l'autre. Comme l'individu criminel est puni de mort seulement dans la mesure où il est jugé pleinement responsable de ce qu'il a fait, il se peut que la peine la plus grave, la peine extrême (parce qu'elle ôte l'espoir), soit une sorte d'hommage que l'on rend à la responsabilité de l'homme [...][4].

1. E. Feser et J. M. Bessette, *By Man Shall his Blood Be Shed*, *op. cit.*, p. 63, nous traduisons.
2. *Ibid.*
3. *Genèse*, 9, 6
4. M. Conche, *Le fondement de la morale*, Paris, Puf, chap. XII, p. 66.

Sur le plan strictement juridique, c'est au lendemain de la Seconde Guerre mondiale que la notion de « dignité » commença à faire explicitement son apparition dans les textes. Comme l'indique le Préambule de la Déclaration universelle des droits de l'homme de 1948, c'est en réaction contre la « barbarie » nazie et ses atrocités, que fut invoquée pour la première fois la nécessité de protéger la dignité humaine. Tandis que les Déclarations des droits de l'homme du XVIIIe siècle avaient proclamé la valeur de la liberté et de l'égalité, en réaction contre la tyrannie, il s'est agi en 1948 de sacraliser la dignité humaine et d'en faire le principe fondamental des droits de l'homme. Comme l'explique Muriel Fabre-Magnan, elle a même valeur d'« axiome » en droit, car la dignité de tout être humain est désormais posée comme une évidence qui se doit d'être partagée, sans que l'on puisse la déduire d'aucun autre principe juridique qui lui serait supérieur[1]. De sorte que la dignité humaine n'est pas à proprement parler un droit fondamental parmi d'autres, mais la valeur ultime qui fonde tous les droits de l'homme. Néanmoins, la juriste ajoute ce commentaire qui, selon nous, prend tout son sens au sujet du rapport entre dignité et peine de mort : « La vraie difficulté consiste en revanche à déterminer quels interdits doivent être posés pour préserver la dignité de la nature humaine, c'est-à-dire quelles conséquences il faut (et on peut) déduire de cet axiome[2] ». En vérité, la plupart des débats éthiques voient aujourd'hui s'opposer deux camps qui, pour interdire ou rendre licites certaines pratiques, invoquent tour à tour cette même dignité

1. M. Fabre-Magnan, « La dignité en Droit : un axiome », *Revue Interdisciplinaire d'études juridiques* 58 (1), 2007, p. 1-30.

2. *Ibid.*, p. 12.

humaine pour en tirer des conclusions diamétralement opposées.

Force est donc de reconnaître que partisans et adversaires de la peine de mort continuent aujourd'hui de s'affronter sur la question de sa compatibilité avec le respect de la dignité humaine. L'histoire nous enseigne que jusqu'à une période récente, seuls certains modes d'exécution – et non pas la peine de mort en tant que telle – ont pu apparaître contraires à la dignité. C'est d'ailleurs la raison pour laquelle, dans les sociétés aristocratiques, les nobles se voyaient souvent accorder un mode d'exécution jugé plus digne de leur rang. De nos jours, c'est notamment ce conflit d'interprétation au sujet des conséquences de la dignité humaine qui explique l'opposition actuelle entre le droit de l'Union Européenne et celui des États-Unis d'Amérique. Depuis le 7 décembre 2000, l'Union Européenne s'est dotée d'une « Charte européenne des droits fondamentaux », qui fait de l'interdiction de la peine de mort (Art. 2-2) une conséquence directe du caractère « inviolable » de la dignité humaine (Art. 1). Aux États-Unis, en revanche, la peine capitale n'est toujours pas considérée à ce jour comme *en elle-même* contraire à la Constitution américaine.

Dans ces conditions, il nous paraît vain de nier qu'un mode de pensée strictement rétributiviste a plutôt tendance à justifier la peine de mort pour les assassins. En revanche, c'est aller trop loin que d'affirmer avec Feser et Bessette qu'il est impossible de légitimer l'acte de punir en général sans justifier *ipso facto* la peine de mort[1]. Car ce serait oublier que même un partisan du rétributivisme pénal

1. E. Feser et J. M. Bessette, *By Man Shall his Blood Be Shed*, *op. cit.*, p. 54.

peut tout à fait reconnaître certaines limites au principe de proportionnalité cardinale. Admettre un principe ne signifie pas nécessairement lui attribuer une valeur absolue.

UN ABOLITIONNISME RÉTRIBUTIVISTE EST-IL POSSIBLE ?

D'aucuns ont tenté de déconstruire le lien ténu que nous venons de rappeler entre le rétributivisme pénal et la peine capitale. Différentes stratégies sont en effet possibles pour soutenir que ce lien est en fin de compte *contingent*, et non pas nécessaire. Il est vrai que le rétributivisme pénal n'est pas un bloc monolithique et qu'il en existe plusieurs versions, plus ou moins compatibles avec la peine capitale. Ces discussions parfois très techniques sont malgré tout cruciales, puisque l'enjeu est de savoir si les convictions rétributivistes – si fortement ancrées dans la conception populaire de la justice[1] – sont indissociables de la peine de mort. Si tel était le cas, la discussion ne serait-elle pas condamnée à virer au dialogue de sourds entre partisans de philosophies pénales divergentes ?

Voulant précisément éviter cet écueil, l'abolitionniste américain Hugo Adam Bedau[2] a consacré une grande partie de son travail à montrer qu'aucun des grands

1. Pensons notamment à l'omniprésence de l'approche rétributiviste de la justice dans les représentations véhiculées par le cinéma et les séries contemporaines. Un tel phénomène devrait suffire à nous convaincre qu'il est véritablement naïf de s'imaginer que le rétributivisme ne soit qu'un mode de pensée archaïque, destiné à s'effacer au profit d'une approche strictement utilitariste de la peine.

2. Hugo Adam Bedau (1926-2012) est sans aucun doute l'universitaire américain ayant consacré le plus d'articles et d'ouvrages au débat sur la peine de mort.

courants de la philosophie pénale n'impliquait la peine de mort à titre de conséquence nécessaire. Autrement dit, quelle que soit la réponse apportée à la question générale « pourquoi punir ? », aucune ne serait par principe solidaire de la peine capitale. S'agissant des penseurs rétributivistes, explique Bedau, il est possible de leur faire remarquer que la plupart d'entre eux n'ont jamais réclamé que l'on torture les bourreaux, ni que l'on viole les violeurs. Autrement dit, le principe du talion auquel ils sont généralement attachés exprime de façon simplement *symbolique* l'exigence de restituer à la victime sa dignité, en attribuant au coupable une peine proportionnée à la gravité de son crime. Mais ce principe n'exige pas nécessairement qu'on l'interprète de façon littérale comme l'obligation de faire subir au coupable exactement ce qu'il a fait à sa victime.

Par ailleurs, si l'idée d'attribuer au criminel ce qu'il « mérite » peut être séduisante à première vue, nous ne pouvons qu'entrer dans des querelles interminables dès lors qu'il s'agit de déterminer précisément ce que tel ou tel criminel « mérite » réellement. Qui sera juge du mérite ? Selon quels critères ? Il s'agit là, estime Bedau, d'une « question insoluble » et d'une « tâche impossible[1] ». C'est d'ailleurs ce que concèdent certains penseurs rétributivistes, comme Jeffrie Murphy ou Jeffrey Reiman, lorsqu'ils se montrent sensibles aux causes sociales et économiques de la criminalité[2]. De sorte que

1. Hugo A. Bedau, *Killing as Punishment. Reflections on the Death Penalty in America*, Boston, Northeastern University Press, 2004, p. 174.

2. Voir notamment J. G. Murphy, « Marxism and Retribution », *Philosophy and Public Affairs*, 1973, repris dans *Retribution, Justice and Therapy*, D. Reidel Publishing Company, 1979, p. 96-101 ; J. H. Reiman,

ces derniers en viennent à s'opposer à la peine de mort, considérant qu'il est peu probable qu'un individu soit en réalité *totalement* libre et responsable de ses actes. La croyance au mérite semble en effet impliquer l'idée d'un libre arbitre qui, on le sait, est pour le moins sujette à caution philosophiquement. Si la responsabilité pénale présuppose un sujet libre de ses choix, rien n'indique qu'il faille attribuer à celui-ci une liberté absolue. Or la peine de mort n'est-elle pas par définition la peine la plus totale (elle supprime le condamné lui-même) et la plus définitive qui soit ? Comment pourrait-elle légitimement s'appliquer à des hommes dont la liberté n'est que partielle ? Bien sûr, chacun d'entre nous peut, à titre personnel, adhérer à une philosophie de la liberté et de la responsabilité absolues. Mais pouvons-nous accepter que notre justice pénale se fonde sur une hypothèse métaphysique si controversée ? Albert Camus, quant à lui, préférait s'en tenir à la thèse plus prudente d'une liberté humaine limitée et rejetait pour cette raison la peine de mort : « La peine de mort, écrivait-il, qui ne satisfait véritablement ni à l'exemple ni à la justice distributive, usurpe de surcroît un privilège exorbitant, en prétendant punir une culpabilité toujours relative par un châtiment définitif et irréparable[1] ».

Que conclure de ces considérations ? La réponse la plus prudente nous semble être la suivante : il est certes *possible* pour un rétributiviste de ne pas soutenir la peine de mort. Mais il nous semble excessif d'aller jusqu'à affirmer que le

« Justice, Civilization, and the Death Penalty : Answering van den Haag », *Philosophy & Public Affairs* 14 (2), 1985.

1. A. Camus, « Réflexions sur la guillotine », dans A. Camus et A. Koestler, *Réflexions sur la peine capitale*, Paris, Folio-Gallimard, 2002, p. 176.

rétributivisme « échoue » à la justifier[1]. En effet, il est vain de nier que sa logique interne le conduit spontanément à considérer que seule la mise à mort constitue une réponse adéquate en cas d'assassinat. En revanche, comme nous avons commencé à le voir, cette logique peut être atténuée par d'autres types de considérations morales.

LE RISQUE DE TUER DES INNOCENTS

Le moment est venu de nous demander quelle peut être l'objection la plus forte que l'on puisse adresser à un partisan rétributiviste de la peine de mort. Il nous semble qu'il ne peut s'agir en l'occurrence que d'une critique « interne », c'est-à-dire d'une raison que tout penseur rétributiviste se doit de prendre en compte, au nom même des principes qu'il défend. Cette raison, nous la trouvons dans le risque de condamner à mort des innocents. Car l'affirmation selon laquelle les meurtriers méritent de mourir a pour corollaire l'exigence de ne pas condamner à mort un innocent. Or, quoi qu'on en dise parfois, aucun système pénal incluant la peine de mort ne peut réduire à néant le risque d'exécuter des innocents. L'explication en est simple : parce que les juges ne sont pas infaillibles, les erreurs judiciaires sont toujours possibles. Les améliorations apportées à la procédure

1. C'est la thèse soutenue par Claire Finkelstein dans son article « Death and Retribution », *Criminal Justice Ethics*, vol. 21, n° 2, 2002, p. 12-21. Matthew H. Kramer défend également l'idée que le rétributivisme ne peut à lui seul suffire pour justifier la peine de mort, dans son ouvrage *The Ethics of Capital Punishment. A Philosophical Investigation of Evil and its Consequences*, Oxford, Oxford University Press, 2011. La méthode de Kramer consiste à montrer que de nombreux auteurs rétributivistes ont eux-mêmes admis que leurs principes ne permettaient pas de fixer une peine unique pour chaque crime, mais plutôt une gamme d'options possibles.

pénale, en vue de diminuer ce risque, ne parviendront jamais à l'éliminer totalement. Dans le vocabulaire de John Rawls, on pourrait dire de la procédure pénale qu'elle constitue un exemple de « procédure imparfaite ». Autrement dit, il existe un critère clair permettant ici de définir ce qui serait juste (ne condamner que des individus véritablement coupables des crimes dont on les accuse et prononcer des peines proportionnées à la gravité de ces derniers), mais pas de moyens infaillibles pour atteindre ce résultat[1]. Dans ces conditions, un partisan rétributiviste de la peine de mort n'a d'autre choix qu'entre ces deux attitudes possibles : soit accepter ce risque, soit le refuser. Il nous semble pourtant qu'une logique strictement rétributiviste devrait le conduire à refuser ce risque, dans la mesure où le souci de ne jamais condamner à mort un innocent devrait prévaloir sur toute autre considération, y compris l'exigence de faire mourir les assassins. Si la vie des innocents est véritablement ce qui importe le plus aux yeux des rétributivistes, ne devraient-ils pas, entre deux maux, préférer un assassin en vie, plutôt qu'un innocent exécuté ? D'aucuns estimeront que la probabilité d'exécuter un innocent est généralement plus faible que celle de mettre à mort un coupable. Mais prendre en compte ce genre de calculs probabilistes revient à quitter le terrain rétributiviste, pour inclure des considérations utilitaristes. Les propos tenus par John Stuart Mill en 1868 à la Chambre des Communes sont à cet égard très instructifs. Le philosophe anglais déclarait :

> [...] si un innocent est mis à mort à la suite d'une erreur judiciaire, celle-ci ne peut jamais être réparée; toute

1. J. Rawls, *Théorie de la justice*, § 14, trad. fr. C. Audard, Paris, Points-Seuil, 2009, p. 117.

> compensation, toute réparation pour le mal commis sont alors impossibles. Et il s'agirait en effet d'une sérieuse objection si ces lamentables erreurs – qui comptent parmi les événements les plus tragiques parmi les affaires humaines – ne pouvaient être réduites à un nombre de cas extrêmement faible[1].

Ainsi, tout en reconnaissant que le risque d'erreur judiciaire constituait à ses yeux l'objection la plus forte contre la peine de mort, Mill pensait pouvoir y remédier en deux temps. Premièrement, l'Angleterre avait apporté à sa procédure pénale de telles améliorations que désormais, estimait-il, les « règles en matière d'établissement de la preuve <étaient> même trop favorables à l'accusé »[2]. Ainsi laissait-il entendre que le risque de laisser échapper un coupable serait devenu plus élevé que le risque de condamner un innocent. Deuxièmement, Mill pensait que le nombre d'erreurs judiciaires pourrait être ramené à un niveau si négligeable qu'elles seraient de toute façon largement compensées par les bienfaits de la peine de mort. Par où l'on voit qu'il s'agit bien ici d'un raisonnement *utilitariste*, illustrant au passage le bien-fondé d'une des objections régulièrement adressées à la philosophie utilitariste, à savoir son caractère potentiellement sacrificiel. Or nous ne voyons pas comment un rétributiviste pourrait assumer le risque d'erreur judiciaire sans introduire subrepticement une considération utilitariste lui permettant de relativiser la mise à mort régulière d'individus innocents.

1. J. S. Mill, « Plaidoyer en faveur de la peine capitale », *Revue d'études benthamiennes* 12, 2013, trad. fr. B. Basse, mis en ligne le 10 décembre 2013, https://journals.openedition.org/etudes-benthamiennes/697

2. *Ibid.*

Quoi qu'il en soit, le nombre d'erreurs judiciaires est loin d'être « quantité négligeable » – si tant est qu'une telle expression puisse être recevable. Une des analyses les plus influentes concernant les erreurs judiciaires aux États-Unis fut l'étude publiée par Hugo Adam Bedau et Michael Radelet[1] en 1987. Les deux auteurs examinèrent les dossiers de 350 cas de condamnations à mort dans lesquels des erreurs judiciaires avaient été identifiées. Leur étude révéla que des erreurs judiciaires étaient fréquentes dans les affaires de peine de mort. Environ 5 % des condamnés à mort aux États-Unis, selon leurs estimations, étaient probablement innocents. Les erreurs les plus courantes s'expliquent par des preuves insuffisantes, des erreurs dans l'application de la loi, des défaillances dans la défense des accusés, ainsi que par des biais systémiques. En outre, le grand mérite de leur travail fut de ne pas se focaliser uniquement sur les cas où des individus furent accusés à tort d'homicide, mais de prendre également en compte tous les cas d'homicides avérés où la préméditation n'aurait pas dû être retenue, de telle sorte que l'accusé n'aurait pas dû être condamné à mort ou même être passible de cette peine en vertu des lois. Enfin, l'étude confirme à quel point la peine de mort est appliquée de façon discriminatoire aux États-Unis, tant la capacité d'assurer efficacement sa défense dépend en réalité des moyens financiers de l'accusé[2]. Naturellement, ces considérations purement

1. Hugo A. Bedau et M. L. Radelet, « Miscarriages of Justice in Potentially Capital Cases », *Stanford Law Review* 40 (1), 1987, p. 21-179.

2. Sur l'application discriminatoire de la peine de mort aux États-Unis, voir surtout Ch. L. Black Jr., *Capital Punishment. The Inevitability of Caprice and Mistake*, New York, W.W. Norton and Co., 1974.

empiriques ne suffiraient pas à condamner par principe la peine de mort dans un système rétributiviste « idéal » – où seuls les coupables de meurtre avec préméditation seraient condamnés à mort. Néanmoins, elles nous invitent à douter sérieusement que cet idéal puisse jamais être atteint.

CHAPITRE II

UTILITARISME ET PEINE DE MORT

Il est historiquement peu contestable que la philosophie utilitariste contribua fortement à la fin des supplices et, d'une façon générale, au processus d'adoucissement des peines, du moins en Europe et dans tous les pays où ce courant de pensée exerça une réelle influence sur la législation. Comme l'écrit à juste titre John Rawls : « À travers l'histoire, [l'utilitarisme] constitue une protestation contre l'usage sans discernement et inefficace du droit pénal[1] ». C'est que, comme nous allons le voir, l'application du principe d'utilité en matière de justice pénale conduit à critiquer toutes les peines inutilement sévères, dans la mesure où elles ne font qu'accroître la somme des souffrances sans contrepartie bénéfique pour le corps social. Ainsi, au siècle des Lumières, le principal argument contre la peine de mort a-t-il consisté à contester son utilité pour la sécurité publique. Le marquis italien Cesare Beccaria donna le ton :

> Il suffirait qu'elle fût *inutile* pour être contraire aux vertus bienfaisantes engendrées par une vertu éclairée, car

1. J. Rawls, « Two concepts of Rules », *The Philosophical Review* 64, 1955, repris dans *Collected Papers*, ed. S. Freeman, Cambridge, MA, Harvard University Press, 1999, p. 24, nous traduisons.

> celle-ci aime mieux commander à des hommes heureux qu'à un troupeau d'esclaves où règne constamment un échange de crainte et de cruauté [...][1].

On remarquera que la démarche utilitariste revient à considérer que le problème de la légitimité de la peine de mort se doit d'être résolu à l'aune d'une simple question de fait : le recours aux exécutions capitales contribue-t-il, oui ou non, à accroître le bonheur du plus grand nombre ? Or à cette question, la tradition utilitariste a eu tendance à apporter, au moins depuis Bentham, une réponse négative. De même que nous avions commencé par tenir pour évidente une certaine corrélation entre rétributivisme et peine de mort, il nous faut commencer par prendre acte du fait que le combat intellectuel pour l'abolition a d'abord pris son essor dans le cadre de pensée utilitariste.

LA JUSTIFICATION BENTHAMIENNE DE LA PEINE

Jeremy Bentham (1748-1832) est sans doute le premier philosophe à avoir proposé un argumentaire abolitionniste *strictement utilitariste*. Il est l'auteur de deux textes visant à démontrer l'inutilité sociale de la peine de mort. Le premier date de 1775 et prend place dans les chapitres 11 et 12 du second livre de son *Rationale of punishment*. Quant au second texte, Bentham le rédigea en 1831 – quelques mois avant sa mort – et il ne fut publié que de façon posthume, comme un « Appendice » à ce livre second du *Rationale of punishment*[2].

1. C. Beccaria, *Traité des délits et des peines*, trad. fr. M. Chevallier, préface de R. Badinter, Paris, GF-Flammarion, 2006, p. 66, nous soulignons.

2. Nous avons soutenu ailleurs que la position de Bentham s'était radicalisée entre 1775 et 1831, passant d'un abolitionnisme général à

La philosophie benthamienne constitue un *monisme* moral, politique et juridique, au sens où elle ne reconnaît qu'un seul principe fondamental dont doivent pouvoir se déduire en dernier lieu toutes les autres règles et décisions en matière de morale et de législation. Ce principe unique est le principe d'utilité qui nous enjoint de maximiser « le bonheur du plus grand nombre ». L'infliction d'une peine n'est donc justifiée qu'à condition de contribuer à la réalisation de cette finalité. Cela n'empêche pas Bentham de distinguer deux autres finalités plus « proches » de la peine. Sa finalité la plus immédiate consiste à « contrôler l'action », c'est-à-dire le comportement de ceux qui sont susceptibles de violer la loi d'une part, et de ceux qui sont en train de subir une sanction pénale d'autre part. En outre, Bentham estime que le but principal de la peine doit être la « prévention générale » : dissuader ceux qui ont déjà commis une infraction de récidiver, ainsi que tous ceux qui, parmi les autres, seraient tentés de les imiter. Ces deux finalités restent quoi qu'il en soit subordonnées à la finalité ultime des lois pénales et de toute législation en général que Bentham formule en ces termes : « Le but que poursuivent, ou devraient poursuivre les lois en général, est d'augmenter le bonheur total de la société[1] ». Pourtant, toute sanction pénale demeure en elle-même un *mal*, au sens où elle implique une souffrance. Elle n'est justifiée que dans la mesure où elle constitue véritablement un *mal nécessaire* en vue de maximaliser le bonheur du plus grand nombre. Or sa croyance en la propriété dissuasive de la peine repose

un abolitionnisme inconditionnel. Voir B. Basse, *De la peine de mort en philosophie. Quel fondement pour l'abolition ?*, Paris, L'Harmattan, 2016, p. 95-135.

1. J. Bentham, *Introduction aux principes de morale et de législation*, trad. fr. Centre Bentham, Paris, Vrin, 2011, chap. XIII, p. 193.

sur la thèse de l'égoïsme psychologique à laquelle Bentham adhère pleinement. « La nature a placé l'humanité sous le gouvernement de deux maîtres souverains, la douleur et le plaisir[1] », écrit-il dès l'ouverture de son *Introduction aux principes de morale et de législation.* Dès lors que nous envisageons de commettre une infraction afin d'en tirer une certaine satisfaction, seule la perspective d'une peine supérieure à ce plaisir visé a le pouvoir de nous en dissuader. D'où l'importance d'associer, dans l'imagination de tous, une peine suffisamment sévère à chaque infraction, sans pour autant franchir le seuil à partir duquel une peine deviendrait inutilement sévère. Par où l'on voit que le principe d'utilité semble impliquer un principe de « frugalité », comme dit Bentham, ou encore un principe d'économie des peines. La punition idéale est celle qui produit un bénéfice social maximal à un coût minimal en termes de souffrances infligées.

C'est bien sûr dans ce cadre que Bentham appréhende la question particulière de la peine de mort : répond-elle de façon satisfaisante aux exigences que nous venons de rappeler ? De telles considérations impliquent que l'on puisse concrètement évaluer l'efficacité d'une peine. À cet égard, notons que la question n'est pas tant de savoir si la peine capitale, d'une manière générale, est dissuasive – ce qu'il serait sans doute vain de nier. En réalité, la question pertinente, pour un utilitariste, est la suivante : la peine de mort est-elle *plus dissuasive* que les peines alternatives envisageables (en particulier les longues peines d'incarcération) ? Or pour mener à bien ce type d'évaluation comparative, Bentham ne dispose pas encore de toutes les statistiques qui sont désormais en

1. J. Bentham, *Introduction aux principes de morale et de législation*, *op. cit.*, p. 25.

notre possession sur le taux de criminalité des différents États, année par année. Sa méthode consiste à étudier la peine de mort du point de vue de sa capacité à remplir (plus ou moins bien) certaines conditions qu'il associe à une peine rationnelle. Bentham ne retient pas moins de huit « propriétés » constitutives d'une peine juste : la variabilité, l'équité, la commensurabilité, l'analogie entre le délit et la peine, l'exemplarité, la frugalité, la popularité et la rémissibilité. S'il s'avère possible de démontrer qu'une peine alternative à la peine capitale remplit plus adéquatement ces exigences, alors il faut rejeter la peine de mort en raison de son inutile sévérité. Or à son époque, la seule peine alternative que Bentham puisse envisager est le bagne à perpétuité. Il ne peut être question d'entrer ici dans le détail de la longue démonstration benthamienne. Contentons-nous d'en souligner les points les plus décisifs.

La critique benthamienne de la peine de mort

Dans son argumentaire de 1775, Bentham commence par s'intéresser aux quatre critères de la peine juste qui *semblent* jouer en faveur de la peine capitale, en vue d'en relativiser l'importance. Puis dans un second temps, il mentionne quatre autres critères qui, au contraire, jouent clairement en sa défaveur. Du côté des critères *en apparence* susceptibles de justifier la peine de mort, on trouve : 1) l'analogie avec le crime ; 2) la popularité ; 3) l'exemplarité et 4) le pouvoir de prévenir la récidive. La stratégie générale de Bentham consiste à reconnaître un certain poids à ces critères, tout en montrant qu'ils ne sont pas décisifs, dans la mesure où leur force argumentative pourra *in fine* être contrebalancée par la prise en compte d'autres critères. Le premier critère considéré, l'*analogie*, renvoie ici à une certaine ressemblance entre l'infraction et la sanction prévue. L'idée est que cette ressemblance favorise, dans notre imagination, la formation d'une association entre l'infraction et sa sanction. En l'occurrence, le fait de mettre à mort le meurtrier peut bien apparaître comme la façon la plus efficace de rappeler à tous que c'est en raison de son homicide que ce dernier est puni. Mais Bentham finit par affirmer, sans même nous fournir de justification, que ce critère est finalement « de peu d'importance[1] » et qu'il ne doit pas être tenu pour décisif. En somme, il est souhaitable, toutes choses égales par ailleurs, que la sanction présente une analogie avec l'infraction, mais cela n'est pas une condition nécessaire de la juste peine.

La *popularité* de la peine de mort est également mentionnée comme un facteur qui semble lui être favorable. Mais là encore, Bentham s'efforce de lui ôter tout caractère décisif dans l'argumentation générale. D'une part, il ne faut voir dans le caractère populaire d'une peine qu'une simple « recommandation », et non pas une justification. D'autre part, il estime que le peuple finira par accorder sa préférence à une peine alternative, à mesure qu'il prendra conscience que la peine de mort n'est pas le châtiment le plus dissuasif. Bentham relativise donc la popularité de la peine de mort en la jugeant contingente et provisoire.

Dans un troisième temps, c'est *l'exemplarité*, à savoir le caractère éminemment dissuasif de la peine capitale qui se voit contesté. Mais pour ce faire, Bentham refuse de recourir à l'argument de Beccaria selon lequel le bagne à perpétuité serait paradoxalement encore plus dissuasif que la peine de mort[2]. Il semble même vouloir rétablir une vérité que confirme l'expérience : « pour les hommes en

1. J. Bentham, *Rationale of Punishment*, II, 12, nous traduisons.
2. Voir notre analyse de l'argumentaire de Beccaria, *infra*, p. 93-106.

général, parmi ceux qui sont attachés à la vie par les liens dc la réputation, de l'affection, de la jouissance, de l'espoir, la peine capitale semble plus exemplaire que toute autre[1] ». Mais, demandera-t-on, comment un philosophe utilitariste peut-il encore s'opposer à la peine de mort dès lors qu'il concède qu'elle est bel et bien la peine la plus redoutée ? La réponse de Bentham consiste à se focaliser sur les individus les plus disposés à la criminalité et à affirmer que ceux-ci sont effectivement moins impressionnés par la peine de mort que par le bagne à perpétuité, du fait que leurs conditions de vie précaires les poussent à mettre constamment leur vie ne péril.

Enfin, *l'efficacité* est le dernier paramètre apparemment favorable à la peine de mort, que Bentham entend neutraliser. Même s'il semble, à première vue, que l'on ne puisse pas envisager de moyens plus efficaces que la mise à mort pour empêcher un criminel de récidiver, Bentham fait valoir que l'on parvient déjà à mettre hors d'état de nuire (et de récidiver) les criminels atteints de démence en les maintenant enfermés. À cet égard, l'emprisonnement à perpétuité lui apparaît donc comme une alternative aussi efficace que la peine de mort.

S'agissant maintenant des critères de la juste peine qui apparaissent au contraire *immédiatement* défavorables à la peine de mort, Bentham en cite à nouveau quatre, à savoir 1) l'absence de profit ; 2) la frugalité ; 3) l'adéquation et 4) l'irrémissibilité. L'absence de profit renvoie au fait qu'en exécutant le criminel, on se prive de la possibilité de lui assigner une activité par laquelle il se rendrait utile à la société ou du moins aux proches de sa victime. C'est ainsi toute forme de compensation qui est rendue impossible.

1. J. Bentham, *Rationale of Punishment*, II, 12, nous traduisons.

Par frugalité, il faut entendre le principe d'économie dans la distribution des peines en vertu duquel il convient, à efficacité égale, de toujours privilégier la peine la moins sévère. « L'adéquation » recouvre en fait la possibilité de faire varier une peine en degré et en quantité, de sorte que toutes les personnes condamnées à un même type de peine ressentent la même quantité de douleur. Or la peine de mort est par principe incompatible avec cette exigence, puisqu'il n'existe pas de degrés dans la mort comme il en existe par exemple dans le montant d'une amende ou dans la durée d'une peine de prison. Enfin, le caractère irrémissible de la peine de mort nous prive de la possibilité de corriger une éventuelle erreur judiciaire.

La démonstration benthamienne peut prêter le flanc à certaines objections. En particulier, est-il véritablement possible de procéder à un calcul parfaitement objectif en la matière ? Même s'il reconnaît en toute impartialité que certains critères de la juste peine semblent jouer en faveur de la peine de mort, Bentham s'efforce visiblement d'en minimiser la portée, sans qu'il soit toujours possible de se défaire d'une impression d'arbitraire. Ainsi, après avoir souligné à quel point la peine de mort répond incontestablement mieux à l'exigence de ressemblance entre le crime et la peine, il prend le risque de surprendre son lecteur en déclarant que ce critère est finalement « de peu d'importance ». Or il est difficile de comprendre ce qui peut justifier une telle neutralisation, si ce n'est le désir d'en atténuer les effets sur la conclusion du calcul utilitariste. L'incompréhension s'accroît encore lorsque l'on se souvient que « l'analogie » était censée renforcer « l'exemplarité » de la peine. Allons plus loin. Comment le philosophe utilitariste peut-il décider de relativiser un critère jouissant d'une telle popularité ? Si le calcul utilitariste doit pouvoir prétendre à l'objectivité et déboucher sur des mesures politiques efficaces, ne doit-il pas prendre en compte les hommes *tels qu'ils sont* ? Or il fait peu de doutes qu'une grande partie de la population accorde une grande importance au fait qu'il existe une certaine ressemblance entre le crime et sa sanction, particulièrement dans le cas des homicides.

En outre, il y a de quoi s'étonner de la facilité avec laquelle Bentham pense pouvoir congédier l'argument de la popularité de la peine de mort. L'idée selon laquelle, avec le temps, les peuples finiront par ne plus être autant attachés à cette peine peut à bon droit paraître excessivement optimiste. L'argument avancé – la prise de conscience par le peuple que cette peine n'est pas éminemment dissuasive – ne repose-t-il pas sur une pétition de principe, à savoir que le peuple aurait vocation à devenir utilitariste ? Peut-on d'ailleurs vraiment exclure qu'une majorité de la population demeure attachée à la peine capitale pour les crimes les plus graves, quand bien même sa relative inutilité serait empiriquement établie ?

POUR UN ABOLITIONNISME PRINCIPIEL OU CONSÉQUENTIALISTE ?

À partir des années 1960 se manifesta un regain d'intérêt pour les questions d'éthique *appliquée*, en réaction contre la philosophie morale de la première moitié du XXe siècle, jugée excessivement abstraite et trop éloignée des questions morales les plus débattues à cette époque, à savoir : la guerre, l'avortement, le suicide, l'euthanasie ou encore la peine de mort. À Oxford, le philosophe Jonathan Glover fit œuvre de pionnier dans ce champ particulier de l'éthique portant le nom d'« éthique du faire-mourir » (*ethics of killing*). La question générale à laquelle s'intéresse ce domaine de réflexion peut s'énoncer ainsi : à quelles conditions est-il légitime de donner (ou de se donner) la mort ? C'est précisément à cette question que s'efforce de répondre Glover dans son ouvrage séminal *Questions de vie ou de mort*[1], dans lequel il tente de dégager quelques *principes* moraux permettant de justifier chacune des réponses qu'il apporte aux différentes questions mettant en jeu la vie ou la mort des individus. En outre, il s'agit d'introduire la plus grande cohérence possible entre les positions qu'il défend sur l'avortement, l'infanticide, le suicide, l'euthanasie, la peine de mort et la guerre.

S'agissant du cas de la peine de mort, Glover qualifie lui-même son approche de « globalement utilitariste[2] ». Il renvoie en effet dos à dos deux attitudes déontiques symétriquement inverses. D'une part, les partisans rétributivistes de la peine de mort, dans la mesure où ils jugent celle-ci intrinsèquement juste, relèguent au second plan la question de savoir si elle possède ou non des conséquences bénéfiques pour la société. D'autre part, les adversaires absolutistes de la peine de mort assument l'idée selon laquelle il conviendrait de s'y opposer *même si* elle permettait de sauver des vies. De sorte que ces deux camps ont en commun de se désintéresser des effets de la peine de mort sur le corps social, ou du moins, de ne pas y voir un élément crucial. Face aux partisans rétributivistes de la peine capitale, Glover reconnaît à demi-mot une certaine impuissance de la philosophie morale, lorsqu'elle ne peut que constater un profond désaccord au niveau des principes invoqués :

1. J. Glover, *Questions de vie ou de mort*, trad. fr. B. Basse, Genève, Labor et fides, 2017.

2. *Ibid.*, p. 268.

> Il est clair que je ne suis pas en mesure de réfuter à proprement parler ces prises de position, dans la mesure où elles ne semblent impliquer aucune erreur flagrante de raisonnement. Bien plus, je ne m'attends pas à gagner l'approbation de leurs partisans, et je ne ferai que présupposer l'autre point de vue que l'on peut formuler ainsi : parce que le monde contient déjà suffisamment de malheur, il conviendrait, avant d'accroître encore ce dernier, d'écarter les spéculations métaphysiques et de justifier les châtiments en termes de bénéfices réels pour les gens [1].

Du reste, Glover n'entend pas renoncer à la double exigence sur laquelle insistent particulièrement les rétributivistes, à savoir : 1) ne punir que les auteurs réels ou supposés de l'infraction 2) ne jamais punir l'infracteur au-delà de ce qu'il mérite. Néanmoins, il recommande de « ne pas invoquer les motifs rétributivistes lorsqu'un châtiment ne se justifie aucunement en termes d'avantages pour la société [2] ». Autrement dit, punir dans le simple but de faire souffrir l'auteur de l'infraction est ici rejeté comme une forme de vengeance illégitime.

Quant aux adversaires « absolutistes » de la peine de mort, ils ont le tort selon Glover d'adhérer implicitement à la « doctrine des actes et omissions » dont il s'est efforcé de montrer la fausseté [3]. Cette doctrine prétend que « dans certains contextes, il est moralement moins grave de *ne pas* réaliser une action, en dépit des mauvaises conséquences prévisibles que cela peut comporter, que de commettre un acte dont les conséquences prévisibles sont tout aussi funestes [4] ». Or en soutenant que la peine de mort resterait

1. *Ibid.*, p. 267.
2. *Ibid.*
3. *Ibid.*, chap. VII.
4. *Ibid.*, p. 112.

illégitime quand bien même elle contribuerait à sauver des vies, ses adversaires absolutistes pourraient se voir reprocher de se considérer à tort comme non responsables des homicides qu'ils n'auraient pas contribué à éviter. Autrement dit, un utilitarisme cohérent conduit à assumer notre responsabilité à l'égard du mal que nous aurions pu empêcher mais que nous avons laissé advenir par notre inaction. C'est en ce sens que Glover tient à souligner une différence entre lui et le philosophe du droit Herbert Hart, dont il est par ailleurs très proche[1]. Hart admettait en effet une sorte de principe moral indépendant venant limiter ce qu'une société est en droit de faire sur le plan pénal afin de maximiser la sécurité des biens et des personnes :

> Il existe une multitude de raisons de penser qu'il nous incombe moralement de *préciser* ou de *limiter* les manières de poursuivre l'objectif utilitariste par le biais des sanctions pénales. Certaines peines sont exclues en vertu de leur trop grande barbarie, quelle que soit par ailleurs leur utilité sociale[2].

Ce désaccord purement théorique entre Glover et Hart mérite d'être souligné, car bien qu'abolitionnistes tous les deux, ils divergent cependant dans leur manière de fonder philosophiquement leur abolitionnisme. Certes, les deux philosophes s'accordent sur l'idée que l'existence d'une institution pénale en général se justifie par son utilité sociale, laquelle consiste dans la réduction du nombre d'infractions aux lois. Cependant, tandis que

1. Voir N. Nayfeld, « Hart et Glover : un point de vue utilitariste contre la peine de mort », *Canadian Journal of Bioethics/Revue canadienne de bioéthique* 2 (1), 2019, p. 47-56.

2. H. L. A. Hart, « Murder and the Principles of Punishment », *Northwestern Law Reviews*, 1958, repris dans *Punishment and Responsibility : Essays in the Philosophy of Law*, Oxford, Oxford University Press, 2008, p. 80, nous traduisons.

Hart fait intervenir un principe moral non utilitariste (la « barbarie » intrinsèque de certaines pratiques) afin d'assigner des limites à la poursuite d'un objectif social légitime, Glover émet une réserve vis-à-vis de cette stratégie, en suggérant qu'il peut tout de même s'avérer légitime de recourir à des pratiques jugées « barbares » par certains, si cela s'avère le seul moyen d'éviter des conséquences bien pires que la pratique en question. Ou pour être plus précis encore, ce que critique ici Glover n'est pas tant le fait d'introduire des considérations sur la « barbarie » intrinsèque de certaines peines, que d'y voir une condition suffisante pour s'abstenir d'y recourir. Autrement dit, il convient selon lui de mettre en balance notre légitime répulsion à l'égard de certaines pratiques et l'étude de leurs conséquences réelles. C'est en ce sens que Glover concède – de façon purement hypothétique – que *si* le recours à des exécutions capitales permettait de sauver un nombre conséquent de vies humaines, alors il serait irresponsable de se l'interdire catégoriquement : « même en admettant qu'une exécution soit généralement pire que la plupart des meurtres, on ne peut en conclure que la peine de mort représente une trop grande barbarie, *quelle que soit son utilité sociale*[1] » Où l'on voit que Glover se montre finalement plus utilitariste que Hart sur cette question de la peine capitale, en refusant toute forme d'abolitionnisme « catégorique ». S'il finit par souscrire, *dans la pratique*, à un abolitionnisme inconditionnel, c'est uniquement, nous allons le voir, parce que la peine de mort s'avère indéfendable du point de vue de ses conséquences réelles pour l'ensemble des personnes affectées.

1. J. Glover, *Questions de vie ou de mort*, *op. cit.*, p. 270.

LES EXÉCUTIONS SAUVENT-ELLES DES VIES ?

Il faut y insister : la question décisive pour un utilitariste n'est pas celle de savoir si la peine de mort est dissuasive, mais si elle est *éminemment dissuasive.* Autrement dit, permet-elle, mieux que toute autre peine envisageable, de réduire le nombre de meurtres commis au sein d'une société ? Permet-elle réellement de sauver des vies ? Ce point est important, car ses partisans ont souvent tendance à mettre en avant une analogie entre un individu en situation de légitime défense d'une part, et la société cherchant à se défendre d'autre part. Mais toute la question est précisément de savoir si cette analogie est rigoureuse. Le meilleur moyen de le savoir est de se tourner vers la psychologie humaine et les données empiriques dont nous disposons.

L'argument apparemment le plus évident en faveur du caractère particulièrement dissuasif de la peine de mort est celui du « sens commun » et il s'énonce ainsi : puisque les êtres humains craignent la mort par-dessus tout, il va de soi qu'il ne peut exister de peine plus dissuasive que la peine de mort. Sir James Fitzjames Stephen défendit cette thèse en la présentant comme une sorte d'évidence intuitive pouvant se passer de démonstration. Désireux malgré tout de lui donner une base empirique, il ajoutait : « personne ne va au-devant d'une mort certaine et inévitable[1] » et aucun condamné à mort, sur le point de mourir, ne refuserait une conversion de sa peine si elle lui était proposée. Pourtant, à bien y regarder, la conclusion qu'il en tire s'avère beaucoup plus spéculative et douteuse qu'il n'y paraît au premier abord. S'il est certes tout à fait plausible

1. J. F. Stephan, « Capital Punishment », *Frazer's Magazine*, 1864, cité par J. Glover, *Questions de vie ou de mort*, *op. cit.*, p. 275.

que beaucoup de criminels préféreraient une peine de prison à perpétuité plutôt que de mourir, on peut remarquer avec Glover qu'il est « difficile de savoir si la peine de mort constitue pour cette raison un moyen plus efficace de dissuasion[1] ». Car il ne suffit pas de montrer que la plupart d'entre nous accepteraient, une fois condamnés à mort, une telle commutation de peine, pour avoir pleinement prouvé que la plupart des hommes sont davantage dissuadés par la peine de mort que par une longue peine de prison. Par ailleurs, contrairement à ce qu'il affirme, de nombreux exemples, tirés d'expériences ordinaires, montrent que la mort n'est pas ce que les hommes craignent le plus. C'est ce que rappelle à juste titre Stephan Nathanson à travers une série d'exemples mettant en évidence notre capacité à faire prévaloir d'autres considérations que le souci d'échapper à la mort à tout prix[2]. Nathanson évoque notamment le cas du Président américain Gerald Ford qui, après deux tentatives d'assassinat, n'en continua pas moins à se montrer en public, tout en étant parfaitement conscient des risques qu'il encourait. Force est de constater que « Ford redoutait davantage la perspective de rester enfermé à la Maison Blanche que celle de risquer sa vie[3] ». Mais à bien y regarder, on peut même aller plus loin et affirmer avec Nathanson que nombreux sont ceux qui, parmi nous, risquent très souvent leur vie. Si la peur de la mort était absolument déterminante, alors un grand nombre de comportements seraient incompréhensibles : les alpinistes risquant leur vie en escaladant une paroi, les skieurs faisant du « hors-piste », les automobilistes

1. J. Glover, *Questions de vie ou de mort*, *op. cit.*, p. 277.

2. S. Nathanson, *An Eye For An Eye. The Immorality of Punishing by Death*, New York, Rowman & Littlefield, 2001.

3. *Ibid.*, p. 18, nous traduisons.

prenant des risques inconsidérés afin d'arriver plus vite à destination ou encore les militaires acceptant de partir à la guerre. L'expérience enseigne donc que nous sommes en réalité « disposés à risquer notre vie pour d'innombrables raisons, allant des plus nobles et importantes aux plus viles et insignifiantes[1] ». Et les meurtriers ne sont pas différents de nous à cet égard. Enfin, quand bien même la peine de mort susciterait une plus grande peur que la prison à perpétuité, cela ne suffirait pas à prouver que la première sauve plus de vies que la seconde.

Venons-en à présent aux études comparatives menées à partir des données statistiques. Afin d'établir un éventuel lien de causalité entre l'usage de la peine de mort d'une part et le taux de criminalité sanglante d'autre part, on peut être tenté de comparer les données fournies par les États pratiquant la peine de mort et ceux qui l'ont abolie. Mais il serait prudent de commencer par une mise en garde : d'une manière générale, il est extrêmement difficile de connaître l'effet produit par une certaine peine, en raison des multiples facteurs pouvant expliquer le taux d'homicides volontaires d'un pays, à tel moment de son histoire. Il existe donc un risque de prendre certaines corrélations contingentes pour de véritables relations de causalité. Pourtant, cela ne doit pas nécessairement nous conduire au scepticisme. Il est en effet possible de tirer une conclusion générale des études les plus sérieuses en la matière, à savoir *qu'il n'existe aucune relation de causalité (quelle qu'elle soit) entre la présence ou l'absence de la peine de mort dans l'arsenal pénal d'une société d'une part, et son taux de criminalité sanglante d'autre part.* Nous ne pouvons entrer ici dans le détail de ces études,

1. *Ibid.*, nous traduisons.

mais il nous faut mentionner au moins les travaux du sociologue et criminologue Thorstein Sellin (1896-1994), qui fut le premier à entreprendre une comparaison de grande ampleur, aux États-Unis, entre États abolitionnistes et États rétentionnistes, tout en cherchant à neutraliser autant que possible le risque de confondre de simples corrélations avec des rapports de causalité. Pour ce faire, il eut l'idée de comparer des États géographiquement proches et similaires à bien des égards, mais n'ayant pas la même politique en matière pénale. Son étude porta sur les homicides commis aux États-Unis durant la période s'étalant de 1920 à 1958. Il prit en compte dix-huit États, les répartissant en six groupes de trois, de sorte que chaque groupe réunisse des États « aussi proches que possible concernant tous les autres aspects – le type de population, les conditions sociales et économiques, etc.[1] ». Tandis qu'il remarqua certaines différences régionales concernant les taux d'homicides, Sellin conclut que ces derniers n'étaient pas sensiblement plus bas dans les États pratiquant la peine de mort que dans ceux qui l'avaient abolie. À vrai dire, dans la plupart des cas, les États abolitionnistes affichaient des taux d'homicides similaires, voire inférieurs. Cela suggérait donc que la menace de mort n'avait aucun impact notable sur la décision de commettre un meurtre.

Par ailleurs, nous ne voudrions pas passer sous silence l'étude très polémique menée par l'économiste Isaac Ehrlich en faveur du caractère soi-disant dissuasif de la peine de mort. Appliquant certaines méthodes très sophistiquées issues de l'analyse économique, Ehrlich

1. T. Sellin, *The Death Penalty*, Philadelphia, American Law Institute, 1959, repris dans Hugo A. Bedau (éd.), *The Death Penalty in America*, Garden City, N.Y., Anchor Books, 1967, p. 276, nous traduisons.

parvint à la conclusion selon laquelle chaque exécution capitale permettait de sauver pas moins de huit vies. Ehrlich reprocha essentiellement au travail de Sellin de ne prendre en considération que le caractère légal ou illégal de la peine de mort dans tel ou tel État, sans s'attarder sur le nombre réel d'exécutions. Il sous-entendait par-là que la soi-disant absence d'efficacité dissuasive de la peine de mort constatée par Sellin dans les États rétentionnistes pouvait en réalité s'expliquer par le nombre très faible d'exécutions. En somme, Ehrlich chercha à mesurer l'efficacité de la peine de mort en comparant le taux d'homicides observable dans un État avec la fréquence des exécutions. Il aboutit à une formule complexe faisait du taux d'homicide une fonction de plusieurs facteurs, à savoir : la probabilité qu'un meurtrier soit appréhendé par la police et la justice, la probabilité qu'il soit réellement exécuté dans le cas où il est reconnu coupable, le taux de chômage, le niveau de revenus par habitant et le pourcentage de la population âgée de 14 à 24 ans. Ce qui est sûr, c'est que le travail d'Ehrlich pose un grand nombre de problèmes, dont certains ne peuvent être appréhendés que par des spécialistes possédant un haut niveau de qualification en mathématiques et en sciences sociales. À tel point que le National Research Council confia à Lawrence Klein, prix Nobel d'économie en 1980, ainsi qu'à deux associés, le soin de lui rendre un rapport sur le travail d'Ehrlich[1]. Sur la base de ce rapport très technique, il fut conclu que « les études actuelles ne fournissent aucune preuve du caractère dissuasif de la

1. L. R. Klein, B. Forst, V. Filatov, « The Deterrent Effect of Capital Punishment : An Assessment of the Evidence », *in* Hugo A. Bedau (éd.), *The Death Penalty in America*, 3e éd., Oxford, Oxford University Press, 1982, p. 138-159.

peine capitale[1] ». En outre, David Baldus et James Cole ont mis en évidence une faille majeure dans le travail d'Ehrlich : son incapacité à prendre en compte d'autres facteurs susceptibles d'influencer significativement les taux d'homicides, tels que l'exode rural vers les zones urbaines, la prolifération des armes à feu dans un État ou encore la fréquence d'autres crimes violents que le meurtre[2].

Plusieurs décennies plus tard, les recherches confirment l'impossibilité de démontrer la supériorité de la peine de mort en termes de dissuasion, à l'aide des méthodes mises en œuvre jusqu'à présent. En particulier, ce même National Research Council, dans un rapport de 2012, a passé en revue les études les plus récentes en la matière, celles menées par différents chercheurs depuis 1976 – année de la fameuse décision de la Cour suprême des États-Unis ayant rétabli la constitutionnalité de la peine capitale[3]. Or ce comité a estimé que les recherches menées depuis n'apportaient toujours aucune preuve concluante quant à l'effet éminemment dissuasif de la peine de mort[4]. Le

1. Cité par S. Nathanson, *An Eye For An Eye*, *op. cit.*, p. 25, nous traduisons.

2. D. Baldus et J. Cole, « A Comparison of the Work of Thorstein Sellin and Isaac Ehrlich on the Deterrent Effect of Capital Punishment », *Yales Law Journal* 85 (2), 1975, p. 170-186. D'autres critiques pertinentes à l'égard d'Ehrlich furent formulées par Peter Passell et John Tayor dans leur article « The Deterrent Effect of Capital Punishment : Another View », *American Economic Review* 67 (3), 1977, p. 445-451.

3. *Gregg v. Georgia*, 428 U.S. 153 (1976).

4. Voici la conclusion du rapport : « Le comité conclut que les recherches menées à ce jour ne permettent pas de déterminer si la peine capitale réduit, accroît ou n'a aucun effet sur les taux d'homicide. Par conséquent, ces études ne doivent pas servir de référence dans les décisions visant à évaluer l'impact de la peine de mort sur la criminalité. Toute affirmation selon laquelle la recherche prouverait une influence,

rapport identifie trois failles majeures dans ces études : d'abord, elles ne tiennent pas compte d'autres peines très sévères – comme la prison à perpétuité sans possibilité de libération – qui pourraient avoir un effet dissuasif au moins équivalent. Ensuite, elles utilisent des modèles statistiques rigides supposant que l'effet de la peine de mort est le même en tout lieu et à toute époque, ce qui est peu réaliste. Enfin, elles partent du postulat que les criminels potentiels réagissent rationnellement à la probabilité d'une exécution, alors qu'en réalité, seuls 15 % des condamnés à mort sont effectivement exécutés. Le rapport recommande donc d'améliorer les méthodes de recherche en prenant en compte ces biais afin d'obtenir des résultats plus fiables.

Face à cette absence de preuves, certains suggèrent qu'il serait plus prudent de maintenir la peine capitale, au cas où elle aurait tout de même un effet préventif. Nous n'aurions pas d'autre choix, avancent-ils, que de *parier* pour l'une ou l'autre des deux thèses. Cependant, comme l'a souligné David Conway [1], cette manière de présenter les choses est fallacieuse, car en vérité, cela ne reviendrait pas à choisir entre la vie d'un assassin et celle d'une victime, mais à tuer le meurtrier (réel ou supposé) en *espérant* pouvoir sauver par là une victime potentielle. Ainsi, en l'absence de preuve attestant que la peine de mort a un effet dissuasif supérieur, les longues peines de prison demeurent une alternative justifiable, sans entraîner de conséquences irréversibles en cas d'erreur judiciaire.

qu'elle soit positive, négative ou nulle, ne devrait pas orienter les choix de politique pénale en la matière » (Committee on Deterrence and the Death Penalty, « Deterrence and the Death Penalty », National Research Council, Report Brief, 2012, p. 2. URL : https://deathpenaltyinfo.org/documents/NatResCouncil-Deterr.pdf

1. D. A. Conway, « Capital Punishment and Deterrence », *Philosophy & Public Affairs* 3 (4), 1974.

DES EXCEPTIONS UTILITARISTES ?

À ce stade, il fait donc peu de doute que l'utilitarisme conduit d'une façon générale à justifier l'abolition de la peine capitale. Mais la question se pose de savoir si ce courant philosophique est en mesure de condamner *catégoriquement* le recours à la peine de mort. N'est-ce pas le propre d'une morale conséquentialiste de ne jamais interdire absolument une pratique, dans la mesure où il nous est toujours loisible d'imaginer un contexte dans lequel elle s'avérerait bénéfique pour le plus grand nombre ? Même l'interdiction de tuer échappe rarement à certaines exceptions dans un cadre de pensée strictement utilitariste[1]. Bien plus, le partisan d'une morale déontologique et de ses règles intangibles est inlassablement accusé d'une forme de jusqu'au-boutisme injustifiable et se voit reprocher de ne pas tenir suffisamment compte des conséquences immédiates de l'action. Toutefois, cette flexibilité propre à l'utilitarisme ne se manifeste pas de la même manière selon que l'on envisage un *utilitarisme de l'acte* ou un *utilitarisme de la règle*[2]. L'utilitarisme de l'acte évalue chaque situation isolément et paraît donc pouvoir justifier ponctuellement la peine de mort si, dans un cas donné, elle permet d'obtenir un résultat globalement plus bénéfique. L'utilitarisme de la

1. Voir T. Tännsjö, *The Ethics of Killing : Problems at the Margins of Live*, Oxford, Oxford University Press, 2015.

2. Pour une distinction explicite entre ces deux formes d'utilitarisme, voir R.B. Brandt, *Ethical Theory : The Problems of Normative and Critical Ethics*, Englewood Cliffs NJ, Prentice-Hall, 1959 ; J. J. C. Smart et B. Williams, *Utilitarianism : For and Against*, Cambridge, Cambridge University Press, 1973 et R. M. Hare, *Penser en morale. Entre intuition et critique*, trad. fr. C. Wrobel, M. Bozzo-Rey et J.-P. Cléro, Paris, Hermann, 2021.

règle, en revanche, cherche à établir des principes généraux maximisant le bien-être à long terme. Il ne s'attache pas aux conséquences immédiates d'une action isolée, mais à celles qu'entraînerait l'adoption d'une règle autorisant ou interdisant la peine capitale. Ce raisonnement semble ainsi conférer à l'utilitarisme de la règle une résistance plus ferme vis-à-vis d'éventuelles exceptions, dans la mesure où une règle générale proscrivant la peine de mort pourrait, à terme, produire davantage de bienfaits qu'une législation fluctuante autorisant des exceptions circonstancielles. Mais comme nous allons le voir, dans une logique propre à l'utilitarisme de l'acte, il devient possible d'envisager des situations particulières où la peine capitale apparaît comme un moindre mal.

Une logique comparable s'observe au sujet de la torture. Michel Terestchenko a montré comment, depuis les attentats du 11 septembre 2001 aux États-Unis, un certain nombre de juristes éminents comme Alan Dershowitz[1] et Richard Posner[2] sont allés jusqu'à appeler de leurs vœux la légalisation de certaines « autorisations de torturer », au nom de la lutte contre le terrorisme[3]. Notons que Bentham lui-même – cela reste relativement peu connu – s'était opposé à Beccaria sur la question de la torture, en prenant soin de relever un certain nombre

1. Voir A. Dershowitz, *Why Terrorism Works ? Understanding the Threat, Responding to the Challenge*, New Heaven, Yale University Press, 2002.

2. R. Posner, « Torture, terrorism and interrogation », S. Levinson (dir.), *Torture. A Collection*, Oxford-New York, Oxford University Press, 2004.

3. M. Terestchenko, *Du bon usage de la torture ou comment les démocraties justifient l'injustifiable*, Paris, La Découverte, 2008, p. 91-109.

de conditions dans lesquelles son usage lui paraissait parfaitement justifié[1].

S'agissant de la peine capitale, il n'est pas non plus certain que le calcul des utilités lui soit en toutes circonstances défavorable. D'ailleurs, la plupart des philosophes des Lumières ayant écrit contre la peine de mort n'en admettaient pas moins certains cas dans lesquels elle pouvait, selon eux, conserver son utilité sociale. Cesare Beccaria lui-même reconnaissait deux exceptions à l'inutilité générale de la peine de mort. D'une part, le marquis milanais estimait que des exécutions capitales pouvaient encore se justifier « quand la nation est en train de recouvrer sa liberté ou de la perdre, dans une époque d'anarchie, quand c'est le désordre qui fait la loi[2] ». Autrement, dit lorsque les hommes ne vivent plus (ou pas encore) sous « le règne paisible de la légalité[3] », les exécutions peuvent être légitimes, notamment à l'égard d'un homme capable de mobiliser des forces (intérieures ou étrangères) en vue de déstabiliser l'autorité légitime. D'autre part, Beccaria n'excluait pas totalement que la mise à mort d'un citoyen soit « le meilleur ou l'unique moyen de dissuader les autres de commettre des crimes[4] ». Il ne nous semble pas nécessaire de nier l'existence de telles exceptions dans le texte de Beccaria pour reconnaître à ce dernier un rôle éminent dans l'histoire de l'abolition[5].

1. J. Bentham, *De la torture*, trad. fr. G. Coqui, Paris, Allia, 2012.
2. C. Beccaria, *Des délits et des peines*, *op. cit.*, p. 127.
3. *Ibid.*
4. *Ibid.*
5. Nous avons exposé ailleurs notre désaccord avec l'interprétation proposée par Philippe Audegean visant à nier l'existence de telles exceptions chez Beccaria. Voir B. Basse, *De la peine de mort en philosophie. Quel fondement pour l'abolition?*, *op. cit.*, p. 226-228.

En réalité, il n'est pas surprenant qu'un raisonnement strictement utilitariste conduise effectivement à reconnaître l'existence de cas dans lesquels le recours à la peine de mort se justifie. Pensons à la situation suivante, imaginée par Hugo Adam Bedau[1] : des actes terroristes ayant entraîné la mort de très nombreuses victimes se sont produits et les principaux responsables de ces atrocités sont dans l'attente du verdict. Selon toute vraisemblance, il demeure dans le pays d'autres partisans de la même idéologie, susceptibles de passer à l'acte tant que leurs leaders seront en vie et en mesure de leur inspirer des actions similaires. Bedau demande alors : « pourquoi mettre en péril la sécurité précaire de la société simplement pour éviter de mettre à mort des terroristes dangereux qui, à l'évidence, sont coupables[2] ? ». D'ailleurs, ajoute-t-il, il est fort probable que depuis les attentats du 11 septembre 2001, une forte majorité d'Américains raisonne de la sorte et ne s'émeuve guère de la mise à mort de quelques terroristes, comparée au risque qu'encourt la société en les laissant en vie. D'où la conclusion de Bedau : « Ce n'est toujours qu'une question de temps et de circonstances avant que l'adversaire utilitariste de la peine de mort ne cède et ne reconnaisse que, oui, dans tel ou tel cas particulier (hypothétique ou réel), on peut raisonnablement s'attendre à de pires conséquences globales pour la société si nous ne mettons pas à mort les criminels condamnés et les gardons en prison jusqu'à leur mort naturelle[3] ». Notons que ce cas imaginé par Bedau trouve un prolongement bien réel

1. Hugo A. Bedau, *Killing as Punishment. Reflections on the Death Penalty in America*, Boston, Northeastern University Press, 2004, p. 165-166.

2. *Ibid.*, p. 165-166, nous traduisons.

3. *Ibid.*, p. 166, nous traduisons.

dans nos prisons, où l'on peine à éviter la radicalisation idéologique de certains individus au contact de personnes incarcérées pour faits de terrorisme[1].

Par ailleurs, il demeure possible, d'un point de vue utilitariste, de considérer que le manque d'efficacité de la peine de mort en temps normal est tout simplement dû au fait qu'elle est généralement très peu appliquée et qu'elle pourrait bien s'avérer efficace pour rétablir l'ordre, durant une période de troubles extrêmement graves, à condition d'être appliquée de façon routinière et impitoyable. Par exemple, d'aucuns ont prétendu que la politique du gouvernement irlandais durant les années 1922-1923 en constituait un bon exemple. L'historien David Bates rappelle notamment comment « dans la période de troubles qui suivit l'avènement d'un État irlandais indépendant, on mit en place des tribunaux militaires dotés du pouvoir d'infliger la peine de mort pour écraser les "Irréguliers"[2] », c'est-à-dire ceux qui refusaient de reconnaître la légitimité de l'État libre d'Irlande créé par le traité anglo-irlandais de 1921. Se référant à cette argumentation de Bates, Jonathan Glover la juge « impressionnante » et concède qu'« il se pourrait que ce niveau d'intransigeance de la part du gouvernement ait eu pour effet de provoquer moins de morts qu'une période de terrorisme prolongée[3] ». Certes, Glover continue à titre personnel de considérer que « l'importance que l'on accorde à la peine de mort dans

1. Voir F. Khosrokhavar, *L'Islam dans les prisons*, Paris, Balland, 2004 ; H. Micheron, *Le Jihadisme français : Quartiers, Syrie, prisons*, Paris, Gallimard, 2020.

2. D. R. Bates, *Lettre au Times* du 14 octobre 1975, citée par J. Glover, *op. cit.*, p. 280, traduction modifiée.

3. J. Glover, *Questions de vie ou de mort*, *op. cit.*, p. 280.

la lutte contre le terrorisme reste très discutable[1] », mais il reconnaît ne pas pouvoir affirmer avec certitude que ce gouvernement eut tort de pratiquer une politique de cette sorte en Irlande, dans ces circonstances si exceptionnelles.

Enfin, d'aucuns peuvent être tentés de considérer que dans le cas où un meurtrier *récidive* après avoir purgé une peine de prison, nous tenons là une bonne raison de penser que s'agissant de cet individu particulier, la prison s'avère insuffisamment dissuasive. Parfois, un meurtrier récidive au sein même de la prison, en tuant un gardien ou un de ses codétenus. C'est ce qui conduisait par exemple Sidney Hook à déclarer : « il existe probablement une catégorie de meurtriers qui, sachant qu'ils ne seront pas exécutés, n'hésiteront pas à tuer de nouveau[2] ». C'est pourquoi, tout en défendant l'idée que la peine de mort, *d'une façon générale*, n'était pas plus dissuasive que d'autres peines plus humaines qu'elle, Hook n'en admettait pas moins une exception dans le cas des meurtriers récidivistes. Pour cette raison, il qualifiait de « fanatique[3] » la position de ceux qui, voulant s'opposer catégoriquement à la peine de mort, négligent selon lui le risque que certains tueurs ne fassent qu'accroître le nombre de leurs victimes, que ce soit en dehors ou à l'intérieur d'une prison. D'où son appel à renouer avec le « bon sens » dans le cas des meurtriers récidivistes :

> Notre charité envers tous les êtres humains ne doit pas nous priver de notre bon sens. De plus, notre charité ne

1. *Ibid.*, p. 281.

2. S. Hook, « The Death Sentence », *The New Leader*, 3 avril 1961, repris dans Hugo A. Bedau (éd.), *The Death Penalty in America*, New York, Anchor Books, 1964, p. 153, nous traduisons.

3. *Ibid.*, p. 151.

> doit pas être moindre à l'égard des victimes potentielles du meurtrier que pour le meurtrier lui-même[1].

D'un point de vue abolitionniste, l'argumentaire utilitariste pourra donc à bon droit paraître insuffisant, s'il est vrai que tout en conduisant à un rejet *général* de la peine de mort, il échoue en revanche à fournir le fondement philosophique de « l'abolition pure, simple et définitive de la peine de mort[2] », telle que Victor Hugo l'appelait de ses vœux. Ainsi, si l'on estime qu'il est un certain nombre de pratiques auxquelles les sociétés démocratiques devraient catégoriquement s'interdire de recourir, il semble que l'utilitarisme ne soit pas en mesure d'apporter des garanties suffisantes à cet égard. Or comme le souligne avec force le philosophe Michel Terestchenko, « il est des règles fondamentales dans notre droit occidental, constituant des garde-fous qui ne sauraient être franchis, quelles que soient les circonstances[3] ». Être prêt à transiger sur l'interdiction de la torture et de la peine de mort, n'est-ce pas tomber dans ce « piège tendu par les artisans du terrorisme[4] » qui œuvrent précisément à brouiller la distinction entre démocraties et dictatures ? Quoi qu'il en soit, c'est en vain que l'on chercherait dans le principe d'utilité le fondement d'une opposition catégorique à la peine de mort, puisqu'il est dans la logique même du conséquentialisme de rester dépendant des circonstances.

1. *Ibid.*, p. 153.

2. V. Hugo, *Actes et paroles I – Avant l'exil*, « La peine de mort. Discours à l'Assemblée constituante », dans *Écrits sur la peine de mort*, Paris, Acte Sud, 1993, p. 71.

3. M. Terestchenko, *op. cit.*, p. 123.

4. *Ibid.*, p. 182.

Faisons un premier bilan. À ce stade de notre réflexion, il se pourrait que nous n'ayons contribué qu'à expliciter les termes d'un dialogue de sourds entre partisans rétributivistes et adversaires utilitaristes de la peine de mort. Il faudrait alors convenir que la position des uns et des autres se fonde en dernier lieu sur une philosophie pénale particulière, chacune reposant sur ses propres prémisses indémontrables. Deux voies s'offriraient alors à nous, aussi décevantes l'une que l'autre : le scepticisme ou le dogmatisme. La conclusion sceptique reviendrait à admettre que nous n'avons finalement affaire qu'à des croyances conflictuelles dont la raison ne saurait être l'arbitre. Quant à la posture dogmatique, elle nous semble résider dans le fait de présenter l'une des philosophies pénales possibles comme l'entière vérité sur le sens de la pratique pénale. Ces deux attitudes ont en commun de rompre le fil du dialogue. C'est pourquoi nous nous proposons à présent de quitter les terrains rétributiviste et utilitariste afin d'envisager d'autres arguments susceptibles de rencontrer un écho chez les partisans de ces deux philosophies. Il s'agira en particulier d'envisager un *principe d'humanité* des peines venant limiter ce que la justice des hommes est en droit de faire, quelle que soit par ailleurs la légitimité des fins qu'elle poursuit.

CHAPITRE III

LIMITER LE DROIT PÉNAL

LA COLÈRE JUSTIFIE-T-ELLE LA PEINE DE MORT ?

Il est courant de réduire le débat entre partisans et adversaires de la peine de mort à une opposition entre l'influence des *émotions* d'une part, et le règne de la froide *raison* d'autre part. Ses partisans seraient exclusivement animés par la colère, l'indignation et le désir de vengeance, tandis que ses adversaires réussiraient, eux, à s'extraire des « forêts primitives[1] » pour n'écouter que la raison. De sorte que les uns se voient accusés de laisser libre cours à toute une dimension infra-rationnelle, tandis que les autres risquent de se voir reprocher leur supposée insensibilité (à l'égard des victimes), ou au contraire leur compassion exclusive et mal placée à l'égard des criminels. Or si l'on tient à éviter cette caricature conduisant à faire de l'abolition soit le fruit de la « raison pure », soit la conséquence d'une trop grande « sensiblerie[2] », il est tout à fait possible de reconnaître une place légitime à la *colère*, face aux comportements criminels. Qu'un comportement particulièrement déviant vis-à-vis des

1. A. Camus, « Réflexions sur la guillotine », *op. cit.*, p. 165.
2. Un reproche que Kant adresse à Beccaria. Voir ici même le texte, p. 110.

règles fondamentales d'une communauté suscite de la colère et de l'indignation, quoi d'étonnant ? N'est-ce pas précisément parce que nous éprouvons de telles émotions face à un comportement criminel, que nous désirons réaffirmer la valeur de l'interdit ayant été enfreint ? La colère ne manifeste-t-elle pas une affliction aussi sincère que louable face au spectacle infâme de la vie mutilée, voire de la vie délibérément ôtée ?

Telle est précisément la prémisse de l'argumentaire développé par Walter Berns dans son livre *Capital Punishment*[1], dans le but de justifier la peine de mort. Berns s'efforce en somme de réhabiliter la colère en la réintroduisant dans le champ des émotions proprement morales. Sa thèse initiale est qu'une communauté humaine n'est pas véritablement une « communauté morale » si elle n'exprime aucune colère face à la souffrance injuste subie par l'un de ses membres. Il suggère que la colère s'enracine dans des croyances relatives au caractère injuste de certaines actions et qu'une telle réaction émotionnelle peut tout à fait être justifiée. En somme, tout se passe selon Berns comme si la colère à l'encontre du criminel émanait elle-même d'une indignation vis-à-vis de l'acte qui a été commis et que notre conscience morale réprouve. Ainsi écrit-il que « c'est à juste titre que les criminels suscitent la colère » dans la mesure où « ils ont enfreint le fondement de la confiance et de l'amitié, qui sont les éléments nécessaires d'une communauté morale, la seule dans laquelle il vaille la peine de vivre[2] ». L'étape suivante du raisonnement consiste à soutenir que c'est précisément

1. W. Berns, *Capital Punishment*, New York, Basic Books, 1979.

2. W. Berns, « The Morality of Anger », *in* Hugo A. Bedau (éd.), *The Death Penalty in America*, *op. cit.*, p. 335, nous traduisons.

cette légitime colère face à certains actes qui justifie à son tour la punition du coupable. Car ce qui est mis en péril par le crime, selon Berns, ce n'est rien d'autre que « la dignité de l'ordre moral », d'où l'obligation de « renforcer » *(to enhance)* ce dernier « aux yeux des hommes moraux ». Or dans le cas du meurtre, seule l'exécution du coupable serait de nature à restaurer l'ordre moral dans toute sa dignité. Berns n'hésite pas à faire appel ici à Shakespeare – et à *Macbeth* en particulier –, afin d'illustrer ce qu'il tient pour une sorte de vérité anthropologique, à savoir « qu'il y a quelque chose dans l'âme des hommes – tant jadis qu'à présent – qui exige que de tels crimes soient *vengés*[1] ». Ainsi, la juste colère conduirait irrémédiablement à la justification de la peine de mort, assumée ici comme un acte de vengeance de la collectivité[2].

Le point fort de cet argumentaire réside selon nous dans le fait d'accorder une place aux émotions, y compris à la colère, dans la vie morale des sujets[3]. Il est vraisemblable en effet que nos jugements moraux ne soient pas seulement les produits d'une raison « pure », totalement désincarnée et indépendante de notre vie affective. À cet égard, les

1. *Ibid.*, p. 337, nous traduisons et soulignons.

2. Ces analyses de Walter Berns ne sont pas sans rappeler l'approche sociologique de la peine développée par Émile Durkheim. Ce dernier appréhendait la sanction pénale essentiellement comme une réaction du corps social, exprimant sa réprobation face à la transgression d'une norme sociale. La punition d'un crime est donc une manière pour la société d'affirmer ses valeurs fondamentales et de renforcer son unité. Voir E. Durkheim, *De la division du travail*, Paris, Puf, 2013, p. 54-56.

3. Ce souci de ménager une place aux émotions est également très présent chez la philosophe Martha Nussbaum, qui explore le rôle des émotions publiques dans la promotion et le maintien d'une société libérale juste. Voir *Political Emotions : Why Love Matters*, Cambridge, MA, Belknap Press, 2013.

deux conceptions de la moralité qui dominent notre modernité – l'utilitarisme et le kantisme – peuvent à bon droit apparaître comme excessivement rationalistes. En effet, les émotions et les sentiments individuels y sont perçus essentiellement comme des obstacles à l'accomplissement de nos devoirs. Dans le cas de l'utilitarisme classique de Bentham, se laisser guider par nos affects revient inévitablement à adopter une attitude égoïste et partiale, puisque chacun a tendance, selon la thèse de l'égoïsme psychologique, à rechercher son propre plaisir. De même du côté du kantisme, une volonté animée par des émotions ou des passions est « pathologiquement déterminée » et ne vise que le plaisir égoïste du sujet qui, en tant que tel, n'a aucune valeur morale. De sorte qu'une émotion comme la colère, ou même la compassion, n'a jamais, selon Kant, de valeur morale par elle-même. Seul le fait de vouloir obéir à l'impératif catégorique, de façon pure et désintéressée, se voit reconnaître une valeur morale. Dans ces conditions, la thèse de Berns peut être rapprochée de la tradition écossaise en philosophie morale qui, loin d'interpréter la morale comme une production de la raison, l'enracine dans certains affects. C'est en ce sens que pour David Hume, par exemple, l'action morale est celle que nous approuvons en raison du plaisir qu'elle suscite en nous, dès lors que nous l'observons ou nous la représentons[1]. On peut donc très bien concéder à Berns que la colère à l'endroit du criminel découle elle-même d'une indignation tout à fait justifiée à l'égard d'une action que l'on réprouve fortement. Après tout, peu d'entre nous songeraient à critiquer l'organisation de « Marches blanches » destinées à manifester collectivement son

1. D. Hume, *Traité de la nature humaine*, Livre III, Section 1.

indignation, sa solidarité à l'égard des proches d'une victime, voire une certaine colère. Il nous semble que l'indignation a pour objet *l'acte* lui-même (comment peut-on faire *cela*?), tandis que la colère se dirige vers *l'individu* que l'on tient pour responsable.

Sans doute pouvons-nous même faire un pas supplémentaire en direction de la thèse de Berns en considérant que l'origine de la justice pénale, au sens du désir de voir les coupables châtiés, s'enracine dans la colère et le besoin de l'apaiser[1]. Berns écrit en ce sens : « La punition provient de l'exigence de justice, et la justice est exigée par des hommes en colère et moralement indignés ; son but est de répondre à cette indignation morale et, ce faisant, de promouvoir l'obéissance à la loi[2] ». Toutefois, contrairement à ce que semble admettre notre auteur, cela ne résout absolument pas la question de savoir si la peine de mort est légitime. La philosophie ne nous apprend-elle pas en effet à distinguer une *origine* et un *fondement*? C'est une chose d'identifier la colère comme l'origine de la punition, mais c'en est une autre de considérer que toutes les peines réclamées par des « hommes en colère » sont justes. Identifier l'origine d'un phénomène, c'est expliquer un fait par un autre. Mais la question du fondement de la peine (existe-t-il une peine juste ou plus juste qu'une autre?) exige la formulation d'un ou plusieurs critères, par conséquent l'intervention du raisonnement. En vérité, personne – et sans doute pas même Berns lui-même – n'admet qu'une action accomplie sous l'effet de la colère est nécessairement juste. C'est d'ailleurs une des raisons

1. Pour une critique fort intéressante de la dévalorisation habituelle du ressentiment, voir F. Guénard et A. Grandjean (dir.), *Le ressentiment, passion sociale*, Rennes, PUR, 2013.

2. *Ibid.*, p. 340, nous traduisons.

pour lesquelles nous confions l'exercice de la justice à des juges indépendants et impartiaux, de sorte qu'ils ne soient pas animés par la colère et le désir de vengeance[1].

Par ailleurs la thèse de Walter Berns nous semble souffrir d'un grave défaut, souligné à juste titre par Tom Sorell. L'objection est la suivante : est-il véritablement nécessaire qu'un acte suscite indignation et colère pour qu'il soit punissable ? Berns soutient que « si les hommes ne se mettent pas en colère lorsque quelqu'un d'autre se fait voler, violer ou tuer, cela signifie qu'il n'existe aucune communauté morale, parce que ces hommes ne se soucient de personne d'autre que d'eux-mêmes[2] ». Or comme le souligne Sorell, cela n'est vrai que si la colère est la seule attitude permettant de manifester son soutien aux victimes de crimes. Mais cela ne va nullement de soi. « Pourquoi, demande-t-il, la pitié et la compassion ne pourraient-elles pas être ressenties sans que s'y mêle de la colère[3] ? » Par ailleurs, du point de vue rétributiviste qui est également le sien, Sorell estime que le caractère injuste du crime suffit à justifier que l'on punisse son auteur – que l'acte ait suscité ou non de la colère chez les autres. Cette remarque s'avère particulièrement pertinente dans le cas d'un crime visant une personne méprisée et infériorisée par la majorité. Le fait, par exemple, qu'une population profondément raciste ne s'émeuve guère de certains crimes devrait-il nous faire renoncer à traiter tous les criminels de la même manière ? La capacité à s'indigner et à se mettre en colère est souvent dépendante de considérations contingentes et arbitraires,

1. Rappelons que les jurés français, lors d'un procès en cours d'assises, jurent « de n'écouter ni la haine ou la méchanceté, ni la crainte ou l'affection ».

2. W. Berns, « The Morality of Anger », *op. cit.*, p. 335.

3. T. Sorell, *Moral Theory and Capital Punishment*, Oxford, Blackwell-Open University, 1987, p. 159, nous traduisons.

de sorte que la colère ne saurait constituer à elle seule une *raison* de punir.

Par ailleurs, ne devrions-nous pas distinguer conceptuellement la colère et l'indignation ? La colère est une réaction immédiate et subjective face à un tort personnel ou une frustration. Elle est souvent dirigée contre une personne ou une situation précise et peut conduire à une réponse impulsive. L'indignation, en revanche, repose sur une évaluation morale d'une injustice perçue comme plus large et universelle. Elle n'est pas uniquement liée à un sentiment personnel, mais s'inscrit dans une réflexion éthique qui vise à dénoncer et à transformer une situation jugée inacceptable. Là où la colère exprime une atteinte aux intérêts individuels, l'indignation traduit une exigence de justice collective. Concluons donc que la colère, si elle va souvent de pair avec l'indignation, ne devrait pas servir à fixer précisément le degré de sévérité de la réponse pénale.

LA PEINE DE MORT EST-ELLE « CRUELLE ET INHUMAINE » ?

Dans le cadre des démocraties modernes libérales, une *limite morale* est imposée à ce que la justice pénale peut décemment faire en vue d'optimiser le respect des lois. Autrement dit, aussi légitime que soit l'objectif utilitariste de diminuer le nombre d'infractions commises, il ne saurait justifier tous les moyens. Certaines peines sont disqualifiées en raison de leur excessive cruauté, de leur inhumanité ou de leur incompatibilité avec le respect de la dignité humaine[1]. Naturellement, le débat philosophique

1. Nous ne chercherons pas ici à distinguer conceptuellement ces termes qui tous renvoient à l'idée d'une limite morale, que l'on invoque la « cruauté », « l'inhumanité » ou ce qui est « contraire à la dignité ».

porte sur la question de savoir si la peine de mort relève de cette catégorie. Pour être plus précis, faut-il considérer que seules certaines modalités d'exécution sont excessivement cruelles ou bien que la peine de mort *en tant que telle* constitue une pratique cruelle et inhumaine ? C'est bien ce désaccord philosophique qui permet de rendre compte de la situation juridique différente des États-Unis d'Amérique d'une part, et de l'Europe d'autre part. On sait que la Cour suprême américaine, dans son célèbre arrêt *Furman v. Georgia* (1972), jugea inconstitutionnelle une très large majorité des lois organisant l'application de la peine de mort dans les États fédérés ; mais elle rejeta en revanche l'idée selon laquelle la peine de mort serait *intrinsèquement* contraire au VIIIe Amendement de la Constitution américaine prohibant les peines « cruelles et inhumaines » (*unusual and cruel punishments*). Telle fut également la position, pendant longtemps, de la Convention européenne des droits de l'homme, signée en 1950 à Rome par les 46 États-membres du Conseil de l'Europe. En effet, son article 2 prévoyait à l'origine une exception au « droit à la vie », à savoir lorsque la mort est infligée « en exécution d'une sentence capitale prononcée par un tribunal au cas où le délit est puni de cette peine par la loi ». Ce faisant, la Convention excluait donc la peine de mort des « traitements inhumains ou dégradants », dont la torture constitue en revanche un cas explicitement condamné à l'article 3. Néanmoins, en 1983, considérant que s'était manifestée dans un nombre suffisant d'États « une tendance générale en faveur de l'abolition de la peine de mort », les États-membres du Conseil de l'Europe ajoutèrent un Protocole (n° 6) à la Convention, dont l'article 1 stipule que « la peine de mort est abolie ». Ce que montrent selon nous ces différences et ces évolutions juridiques, c'est que la notion même de « traitement inhumain et dégradant » peut faire l'objet d'interprétations divergentes au cours de l'histoire. De sorte que non seulement nos jugements sur le caractère inhumain de telle ou telle pratique peuvent évoluer, mais que les raisons invoquées à l'appui de nos jugements sont elles-mêmes susceptibles de varier au cours de l'histoire. Nous évoquerons donc pour terminer quelques arguments philosophiques permettant de considérer que la peine de mort relève en effet des traitements cruels et inhumains.

Une première ligne d'argumentation consiste à rapprocher la peine de mort de la torture et à soutenir que le refus catégorique de cette dernière devrait, à bien y regarder, s'accompagner d'un rejet tout aussi inconditionnel des exécutions capitales. Mais y a-t-il vraiment une inconséquence logique à condamner fermement la torture d'une part et à approuver la peine de mort d'autre part ? L'objection la plus évidente consiste sans doute à souligner que la torture s'accompagne inévitablement de souffrances physiques, tandis que tel n'est pas nécessairement le cas d'une exécution capitale. C'est en ce sens que le philosophe utilitariste Torbjörn Tännsjö – pourtant abolitionniste – conteste le caractère intrinsèquement « cruel » de la peine de mort, arguant qu'il existe des modes d'exécutions (comme l'injection léthale) qui la rapprochent davantage d'une forme d'euthanasie que de torture[1]. Mais peut-on retenir pour seul critère définitionnel de la cruauté l'infliction d'une souffrance physique ? En vérité, la définition même de la cruauté est sujette à débat et il est clair que selon la définition retenue, la peine de mort

1. T. Tännsjö, « Capital Punishment », *in* B. Bradley, F. Feldman, J. Johansson (eds.), *The Oxford Handbook of Philosophy of Death*, Oxford, Oxford University Press, 2012.

entrera ou non dans cette catégorie. C'est ce que montre le philosophe américain Hugo Adam Bedau, bien décidé à argumenter en faveur du caractère cruel de la peine de mort[1]. Pour ce faire, Bedau commence par envisager une première acception de la cruauté inspirée, dit-il, de certains auteurs français du XVIIIe siècle s'étant opposés aux cruautés de leur temps, et formulée par Judith Shklar en ces termes : « l'infliction volontaire d'une douleur physique sur un être plus faible, afin de susciter chez lui l'angoisse et la peur[2]». Cependant, malgré son caractère intuitivement évident, cette définition ne s'applique peut-être pas à la peine de mort en tant que telle, mais à certaines façons particulièrement douloureuses de l'administrer, telles que la crucifixion ou le démembrement. Par ailleurs, la peine de mort n'implique pas nécessairement l'intention de faire souffrir le condamné, pas plus que celle d'engendrer chez lui de l'angoisse ou de la peur, mais uniquement la volonté de mettre un terme à sa vie. Pourtant, Bedau estime possible de définir la cruauté sans inclure la douleur physique parmi ses propriétés essentielles. Reprenant à son compte une définition qu'il juge plus adéquate, proposée par Philip Hallie dans son ouvrage *Cruelty*, Bedau la définit à son tour comme « la subordination, la soumission à une puissance supérieure dont la volonté devient la loi de la victime[3] ». Tandis que Hallie lui-même ne se prononçait pas sur la question de savoir si sa définition de la cruauté

1. Voir. Hugo A. Bedau, *Death Is Different. Studies in the Morality, Law, and Politics of Capital Punishment*, Boston, Northeastern University Press, 1987, p. 123-124.

2. J. N. Shklar, « Putting Cruelty First », in *Ordinary Vices*, Cambridge, Harvard University Press, 1984, p. 8, nous traduisons.

3. Ph. P. Hallie, *Cruelty*, Middletown, Wesleyan University Press, 1982, p. 34, nous traduisons.

s'appliquait à la peine de mort, Bedau entreprend de montrer que tel est effectivement le cas. En effet, quelle que soit la façon de mettre à mort le condamné, nous retrouvons systématiquement l'opposition entre « l'activité totale » de ceux qui la mettent en œuvre d'une part, et la « passivité totale » de ceux qui la subissent. De sorte qu'à l'instar de la torture, la peine de mort implique une forme de *dépendance totale* d'un individu à l'égard d'un ou plusieurs autres, exerçant sur lui un *pouvoir absolu*.

En faveur du caractère inhumain de la peine de mort, on peut encore faire remarquer qu'elle revient à priver le condamné de ce qui constitue habituellement une caractéristique fondamentale de la condition humaine, à savoir que chacun d'entre nous ignore *quand* et *comment* il mourra. Le fait de savoir que nous mourrons « un jour » ne suscite généralement pas la même angoisse que le fait de devoir affronter le compte à rebours précis de sa mort imminente. Dans le premier cas, toutes sortes d'activités relevant du « divertissement », au sens pascalien du terme, rendent la perspective de la mort relativement supportable. En revanche, rares sont ceux qui parmi nous souhaiteraient connaître, si cela était possible, le jour et l'heure précise de leur mort. À cet égard, Jonathan Glover fait remarquer que la plupart d'entre nous préféreraient mourir de façon soudaine que de rester en vie durant plusieurs mois en se sachant condamné à très court terme, en raison d'une maladie incurable[1]. Cette période d'attente serait en effet la plus atroce qui soit, s'il est vrai que nous ne réussissons ordinairement à supporter la perspective de notre propre mort qu'à condition d'y penser le moins possible. Par conséquent, il est faux de prétendre que la peine de mort

1. J. Glover, *Questions de vie ou de mort*, *op. cit.*, p. 269.

ne concerne que le court instant par lequel le condamné passe de vie à trépas. Et contrairement à ce que suggère Tom Sorell, cette dimension inhumaine de la peine de mort n'est pas contingente, mais consubstantielle à cette peine. C'est pourquoi il ne suffirait certainement pas, comme l'affirme ce dernier, de « modifier la qualité et peut-être la longueur de cette période conduisant à l'exécution[1] » pour lui ôter sa dimension profondément atroce. Car comme le souligne à juste titre Jacques Derrida, « ce savoir, cette maîtrise du temps de vie ou de mort, ce savoir maîtrisant et calculant du temps de vie du sujet est présupposé, je dis bien présupposé, allégué, présumé *dans le concept même de la peine de mort*[2] ». C'est précisément ce qui nous autorise selon lui à considérer que la peine de mort ne saurait être absolument distinguée des supplices et de la torture. « Ce qui est sûr et trivial, écrit-il, (...] c'est que s'il y a de la torture, du torturant, de la cruauté, dans le processus de la condamnation à mort, c'est bien, au-delà de tout, au-delà des conditions de détention par exemple et tant d'autres supplices, ce qu'il y a de plus cruel, et le cruel même, la croix, c'est l'expérience du temps[3] ».

Enfin, la peine de mort est, de toute évidence, une sanction *définitive*. Or n'est-ce pas une raison supplémentaire de la considérer comme inhumaine ? En supprimant toute possibilité de changement et de

1. T. Sorell, *Moral Theory and Capital Punishment*, Oxford, Basil Blackwell, 1987, p. 94, nous traduisons. Sorell suggère en effet de s'inspirer de la loi du Névada introduite en 1921, prévoyant qu'« un condamné à mort soit exécuté dans sa cellule, pendant son sommeil, sans avoir été prévenu, à l'aide d'une dose de gaz léthal » (*ibid.*).

2. J. Derrida, *Séminaire sur la peine de mort. Volume 1 (1999-2000)*, Paris, Galilée, 2012, p. 301, nous soulignons.

3. *Ibid.*, p. 301-302.

réhabilitation, elle fige l'individu condamné dans son acte criminel. Elle lui dénie la possibilité d'évoluer, de reconnaître sa faute et de s'amender. Notons qu'il n'est nullement nécessaire d'adhérer à la thèse métaphysique du « libre arbitre » pour admettre que les êtres humains sont susceptibles de changer. En effet, que l'on mette ce changement possible sur le compte d'une liberté fondamentale du sujet, comme chez Sartre (pour qui un criminel aurait donc toujours cette capacité proprement humaine de « néantiser » et de transcender sa situation présente[1]) ou qu'on l'attribue au contraire à l'influence de circonstances extérieures favorables, l'expérience atteste suffisamment qu'un meurtrier n'est pas condamné à tuer de nouveau. Or, lorsqu'une peine exclut toute possibilité de réhabilitation, elle réduit le criminel à son crime, elle l'essentialise autour d'un acte unique. En cela, la peine de mort va au-delà de la simple punition : elle constitue une négation de la personne elle-même, de son droit à évoluer et à se racheter. Elle repose sur une vision figée de l'homme, contraire à ce qui fait sa dignité profonde, à savoir sa liberté et sa perfectibilité morale. Ainsi, une société qui applique une peine irréversible comme la peine de mort se place en contradiction avec l'idéal même de justice, qui ne devrait pas seulement punir, mais offrir également une réhabilitation possible. À vrai dire, cette critique dépasse le seul cas de la peine de mort et s'applique à toute sanction irréversible. Punir un acte répréhensible ne devrait jamais aboutir à une annulation de l'individu lui-même, comme si son identité se réduisait entièrement à son crime. C'est d'ailleurs dans cette optique que le Code

1. Voir. J.-P. Sartre, *L'être et le néant*, partie IV, chap. I, Paris, Gallimard, 1943.

pénal français définit les objectifs de la sanction pénale. L'article 130-1 du Code pénal précise ainsi que « la peine a pour fonction de sanctionner l'auteur de l'infraction tout en favorisant son amendement, son insertion ou sa réinsertion ». Cette disposition affirme clairement que la justice ne saurait se limiter à une simple logique punitive et doit ménager une place à la réhabilitation du condamné. Or, en privant irrémédiablement l'individu de toute possibilité de transformation, la peine de mort contredit cette finalité fondamentale du droit pénal moderne.

POUR UN MINIMALISME PÉNAL

Pour conclure, il nous semble opportun d'envisager une critique de la peine de mort qui dépasse les convictions personnelles sur son caractère inhumain. Nous l'avons vu, de nombreux débats sur la peine capitale restent profondément controversés et n'appellent peut-être aucune réponse tranchée : la peine de mort est-elle intrinsèquement inhumaine ? Existe-t-il un droit absolu et inconditionnel à la vie, y compris lorsqu'un individu a lui-même ôté celle d'autrui ? Peut-on affirmer que les meurtriers « méritent » la mort, et si oui, sur quelle base objective ? Autant de questions qui renvoient à des conceptions métaphysiques divergentes et dont la résolution demeure incertaine.

Aussi, plutôt que de nous engager dans ces dilemmes philosophiques insolubles, nous pouvons adopter une autre approche, qui s'efforce de rester, selon l'expression de John Rawls, « métaphysiquement à la surface »[1] (ou, du moins, le plus à la surface possible). Il s'agit alors de contourner

1. J. Rawls, « Théorie de la justice comme équité : une théorie politique et non pas métaphysique », dans *Justice et démocratie*, trad. fr. C. Audard, Paris, Points-Seuil, 1993, p. 214.

ces débats en nous appuyant sur des principes politiques plus consensuels, ceux qui fondent la démocratie libérale. Dans cette perspective, la question de la peine de mort ne se pose plus en termes de valeurs absolues, mais de *cohérence* avec les principes qui régissent l'organisation politique des sociétés démocratiques modernes.

L'un des arguments les plus puissants contre la peine capitale repose ainsi sur une approche libérale de la justice, selon laquelle l'État doit limiter son pouvoir punitif au strict nécessaire et ne jamais infliger une sanction plus lourde que ce qui est indispensable à la protection de la société et à l'application de la justice. Cette approche, qui relève du *minimalisme pénal*, est profondément ancrée dans le libéralisme politique, qui considère que l'État ne peut légitimement exercer la contrainte que dans un cadre strictement délimité par la nécessité[1].

Le libéralisme politique, tel qu'il fut défendu par des penseurs tel que John Stuart Mill, repose sur l'idée que la liberté individuelle est la valeur suprême, et que toute forme d'intervention coercitive de l'État doit être justifiée par un principe clair et objectif. Mill exprime cette idée dans son ouvrage *De la liberté*, sous la forme du principe de non-nuisance (*harm principle*) : « La seule raison légitime que puisse avoir une communauté pour user de la force contre un de ses membres est de l'empêcher de nuire aux autres »[2]. Selon ce principe, l'État ne peut

1. Les raisons pour lesquelles le libéralisme politique devrait avoir pour corollaire un « minimalisme pénal » ont été parfaitement analysées par Raphaëlle Théry. Nous ne pouvons que renvoyer à sa thèse doctorale absolument remarquable, publiée sous le titre *Libéralisme pénal. Principes, contradictions et enjeux d'une institution non idéale*, Paris, Éditions Panthéon-Assas, 2021, p. 35-50.

2. J. S. Mill, *De la liberté*, trad. fr. L. Lenglet, Paris, Folio-Gallimard, 1990, p. 74.

imposer des restrictions aux libertés individuelles que si ces restrictions visent à prévenir un véritable préjudice envers autrui. Toute autre forme d'intervention – qu'elle repose sur des considérations morales, paternalistes ou religieuses – constitue un abus de pouvoir. Or cette perspective a des implications directes pour la philosophie du droit pénal : la criminalisation ne peut être justifiée que lorsqu'un acte porte un préjudice identifiable à un tiers.

C'est précisément dans cette lignée que s'inscrit Joel Feinberg, dont les travaux sur les limites de la coercition étatique approfondissent la réflexion millienne. Dans *The Moral Limits of the Criminal Law*[1], il développe une forme de minimalisme pénal, dont on peut résumer ainsi l'idée principale : l'intervention de l'État dans la sphère individuelle doit être réduite au minimum nécessaire. Pour Feinberg, on ne saurait envisager de criminaliser tous les comportements socialement répréhensibles : seuls ceux qui causent un préjudice réel et objectif à autrui peuvent justifier une sanction pénale. Il est ainsi amené à introduire une distinction cruciale entre les *préjudices* et les *offenses*. Un préjudice est une atteinte objective aux droits fondamentaux d'autrui, par exemple un acte de violence physique, un vol ou une fraude. L'État est en droit d'intervenir pour empêcher de tels actes. Une offense, en revanche, est une atteinte subjective au bien-être d'un individu ou d'un groupe, qui ne porte pas atteinte à un droit fondamental. En principe, l'État ne devrait pas criminaliser de tels comportements simplement parce qu'ils choquent ou dérangent certaines sensibilités[2].

1. J. Feinberg, *The Moral Limits of the Criminal Law*, New York, Oxford University Press, 4 volumes, 1984-1988.

2. En vérité, Joel Feinberg ne rejette pas systématiquement la possibilité de criminaliser certaines « offenses », mais il propose des critères stricts pour déterminer dans quels cas une offense peut

Ainsi, Feinberg s'oppose à toute extension abusive du droit pénal qui viserait à sanctionner des comportements jugés immoraux ou indécents, mais qui ne portent atteinte à aucun droit essentiel. Cette position minimaliste rejette le paternalisme juridique, c'est-à-dire l'idée que l'État pourrait légitimement contraindre un individu pour son propre bien, par exemple en interdisant la consommation de drogues ou la prostitution.

Or, appliqué au cas de la peine de mort, le minimalisme pénal conduit logiquement à son rejet. L'exécution d'un criminel ne peut se justifier que si aucune autre sanction moins intrusive ne permet d'assurer la protection de la société et l'application de la justice. Mais la réclusion à perpétuité, dans notre droit, remplit déjà cette fonction, rendant la peine capitale superflue et donc illégitime selon les critères du minimalisme pénal.

justifier une intervention pénale. Dans le second volume de *The Moral Limits of Criminal Law*, intitulé *Offense to Others* (1985), il suggère que la criminalisation d'une offense peut être envisagée si elle remplit plusieurs conditions : (1) la gravité de l'offense, c'est-à-dire l'intensité de la gêne ou du trouble causé ; (2) l'importance du but social protégé par la restriction ; (3) la nature et la fréquence du contact avec l'offense, notamment si elle est difficilement évitable pour les personnes concernées ; (4) l'équilibre entre le coût pour les victimes et la restriction imposée aux auteurs de l'offense ; et (5) la disponibilité d'alternatives moins contraignantes. Feinberg souligne que les offenses doivent être distinguées des préjudices véritables, car elles reposent sur des réactions subjectives, mais il admet que dans certains cas extrêmes – par exemple des comportements visant délibérément à humilier ou choquer le public dans des espaces où l'exposition est inévitable – une régulation juridique peut être justifiée. Ce faisant, Feinberg ne renonce pas, à nos yeux, au minimalisme pénal. Même si la non-criminalisation doit être la règle générale en matière d'offenses, il reconnaît à juste titre qu'on ne saurait rejeter totalement l'idée d'une intervention de l'État en cas d'offenses particulièrement graves, ciblées et quasiment inévitables pour les personnes offensées.

Toutefois, il convient de noter que Joel Feinberg ne s'est pas explicitement prononcé sur la peine de mort dans ses écrits[1]. Son analyse des limites morales du droit pénal et sa distinction entre préjudices et offenses permettent néanmoins d'évaluer la peine capitale à l'aune du minimalisme pénal qu'il défendait. C'est précisément ce que fera Hugo Adam Bedau, qui, tout en s'inscrivant dans cette même tradition libérale, en tire les conséquences directes en matière d'abolitionnisme. Là où Feinberg pose le cadre conceptuel d'un droit pénal réduit au strict nécessaire, Bedau applique rigoureusement cette exigence à la peine capitale et démontre qu'elle en viole les principes fondamentaux. L'argument abolitionniste de Bedau, qu'il nomme lui-même « l'argument de l'interférence

1. Joel Feinberg ne s'est pas explicitement prononcé sur la peine de mort dans ses écrits théoriques, mais son minimalisme pénal semble difficilement compatible avec cette sanction, dès lors que la réclusion à perpétuité constitue une peine tout aussi efficace pour neutraliser le criminel et protéger la société. Toutefois, une autre facette de sa pensée invite à nuancer cette conclusion. Dans son article de 1965, « *The Expressive Function of Punishment* » (*The Monist*, vol. 49, n° 3), Feinberg soutient que la peine ne se limite pas à infliger une souffrance ou à dissuader des comportements nuisibles, mais remplit surtout une fonction expressive, en signifiant la *réprobation morale* attachée à un crime. La sanction pénale, selon lui, traduit symboliquement l'indignation sociale face à certains actes et sert ainsi à réaffirmer les valeurs fondamentales d'une société. Or, appliqué au cas de la peine de mort, cet argument soulève une question : une longue peine de prison est-elle suffisante pour exprimer la gravité absolue d'un crime tel que le meurtre avec préméditation, ou bien la peine capitale demeure-t-elle le seul moyen de signifier pleinement la condamnation morale de la société ? Cette tension entre minimalisme pénal et fonction expressive de la peine rend difficile l'affirmation d'une position univoque dans la pensée de Feinberg. Si son cadre normatif conduit logiquement à rejeter la peine de mort comme une sanction excessive et non nécessaire, il n'exclut pas, en théorie, qu'une société puisse juger qu'aucune autre peine n'est assez expressive pour traduire l'abomination de certains crimes.

minimale[1] », repose ainsi sur un raisonnement minimaliste proche de celui de Feinberg : une peine ne peut être justifiée que si elle est strictement nécessaire pour atteindre un objectif légitime de justice. Or, la peine de mort, en tant que sanction la plus extrême, viole directement ce principe, puisqu'elle n'apporte aucun bénéfice qu'une peine de prison à vie ne puisse garantir. L'argument de Bedau se laisse ainsi formuler en termes de minimalisme pénal :

1. Toute atteinte de l'État aux libertés fondamentales n'est justifiée que si aucune autre mesure moins intrusive ne permet d'atteindre un but social légitime.
2. Une peine ne peut être justifiée que si elle est strictement nécessaire à la réalisation d'un objectif légitime de justice.
3. La peine de mort est la sanction la plus sévère et intrusive qui soit.
4. Une peine d'emprisonnement à vie constitue déjà une atteinte suffisante aux libertés individuelles pour garantir la sécurité et l'ordre social.
5. Puisqu'une alternative moins intrusive est disponible, la peine de mort doit être abolie.

Loin de se limiter à un argumentaire humanitaire ou purement moral, Bedau inscrit donc sa critique de la peine capitale dans la continuité du minimalisme pénal formulé par Feinberg. Son analyse montre que la peine de mort, bien plus qu'un simple excès punitif, constitue un abus de pouvoir de l'État, en contradiction avec les principes mêmes du libéralisme politique.

1. Hugo A. Bedau, « The Minimal Invasion Argument Against the Death Penalty », *Criminal Justice Ethics* 21 (2), 2002, p. 3-8 ; *Killing as Punishment. Reflections on the Death Penalty in America*, *op. cit.*, p. 168-169.

Ainsi, l'abolition de la peine capitale s'impose non seulement pour des raisons humanitaires, mais aussi pour des raisons de cohérence avec les principes fondamentaux du libéralisme politique. Une société démocratique ne peut défendre les libertés individuelles tout en maintenant une peine qui contredit son engagement envers le respect de la vie humaine et la limitation du pouvoir étatique. En somme, l'approche minimaliste de la peine rejoint également le principe juridique de l'*indisponibilité du corps humain*, consacré en droit français par l'article 16-1 du Code civil, qui dispose que « chacun a droit au respect de son corps » et que « le corps humain est inviolable ». Ce principe interdit toute appropriation du corps par une autorité extérieure, y compris l'État, et fonde l'interdiction d'une série de pratiques jugées incompatibles avec la dignité humaine. C'est ainsi qu'en vertu de ce principe, la vente d'organes, l'esclavage, l'expérimentation médicale forcée ou encore la gestation pour autrui (GPA) sont interdites en France. Ces pratiques sont considérées comme inacceptables précisément parce qu'elles impliquent une instrumentalisation du corps humain et une négation de l'autonomie individuelle. Or, si l'État ne peut disposer du corps de ses citoyens pour des fins utilitaires, comment concevoir qu'il puisse aller jusqu'à ôter la vie d'un individu sous prétexte de justice ? La peine de mort constitue l'atteinte ultime à l'indisponibilité du corps humain, instaurant ainsi une forme de droit de propriété de l'État sur la vie des individus. Elle apparaît dès lors fondamentalement contraire aux principes de toute démocratie respectueuse des droits fondamentaux, en contradiction flagrante avec les protections accordées au corps humain dans d'autres domaines du droit.

Enfin, au-delà de sa seule fonction rétributive ou dissuasive, la justice pénale possède également une dimension expressive : elle traduit les valeurs fondamentales d'une société et véhicule un certain idéal de justice. Or, maintenir la peine de mort reviendrait à admettre que la violence létale puisse être une réponse légitime de l'État, même lorsqu'elle n'est pas strictement nécessaire. En ce sens, elle véhicule un message contradictoire : comment défendre le respect de la vie humaine en institutionnalisant sa suppression ? Comme le souligne encore Bedau, « il est impossible d'enseigner le respect de la vie humaine par des actes de violence létale inutiles et, à ce titre, injustifiables »[1]. C'est précisément parce que la justice exprime nos valeurs que l'abolition de la peine de mort s'impose. Refuser d'exécuter un criminel, même coupable des actes les plus atroces, n'est pas une faiblesse, mais au contraire un témoignage de notre force morale. En résistant à la tentation de répondre à la violence par la violence, nous affirmons que la justice ne doit jamais renoncer aux principes fondamentaux qu'elle prétend incarner. Là où le criminel a trahi le respect de la vie et de la dignité humaine, nous refusons collectivement d'en faire autant. C'est en maintenant cette exigence que nous empêchons la justice de se transformer en simple revanche et qu'elle demeure une véritable expression de nos valeurs les plus essentielles. Il appartient donc à toute société soucieuse de cohérence et de principes démocratiques de renoncer à la peine capitale et d'affirmer, par ce renoncement, qu'elle ne cédera pas à la logique de destruction qu'elle condamne.

1. Hugo A. Bedau, *Killing as Punishment*, *op. cit.*, p. 178, nous traduisons.

TEXTES ET COMMENTAIRES

TEXTE 1

CESARE BECCARIA

Des délits et des peines [1]

Cette vaine profusion de supplices, qui n'ont jamais rendu les hommes meilleurs, m'a poussé à examiner si, dans un gouvernement bien organisé, la peine de mort est vraiment utile et juste. En vertu de quel droit les hommes peuvent-ils se permettre de tuer leurs semblables ? Ce droit n'est certainement pas celui sur lequel reposent la souveraineté et les lois. Celles-ci ne sont que la somme des petites portions de liberté abandonnées par chaque individu ; elles représentent la volonté générale, qui est la réunion des volontés particulières. Or qui aurait eu l'idée de concéder à d'autres le pouvoir de le tuer ? Comment supposer que le minime sacrifice de liberté fait par chacun puisse comprendre celui du plus grand de tous les biens, la vie ? Et quand cela serait, comment concilier ce principe avec celui qui refuse à l'homme le droit de se tuer lui-même ?

1. C. Beccaria, *Des délits et des peines* [1764], chap. XXVIII, traduction de l'italien par M. Chevallier, introduction et notes par F. Venturi, Genève, Librairie Droz, 1965, p. 48-52. L'édition de poche chez GF-Flammarion reprend cette même traduction, p. 126-132. C'est à la pagination de cette édition de poche que nous nous référerons dorénavant.

La peine de mort n'est donc pas un droit, je viens de démontrer qu'elle ne peut pas l'être, mais une guerre de la nation contre un citoyen qu'elle juge nécessaire ou utile de supprimer. Mais si je prouve que cette peine n'est ni utile ni nécessaire j'aurai fait triompher la cause de l'humanité.

La mort d'un citoyen ne peut être jugée utile que pour deux motifs : d'abord si, quoique privé de sa liberté, il a encore des relations et un pouvoir tels qu'il soit une menace pour la sécurité de la nation, et si son existence peut provoquer une révolution dangereuse pour la forme du gouvernement établi. La mort d'un citoyen devient donc nécessaire quand la nation est en train de recouvrer sa liberté ou de la perdre, dans une époque d'anarchie, quand c'est le désordre qui fait la loi. Mais sous le règne paisible de la légalité, sous un gouvernement approuvé par l'ensemble de la nation, bien défendu à l'extérieur et à l'intérieur par la force et par l'opinion peut-être plus efficace que la force, là où le pouvoir n'appartient qu'au véritable souverain, où la richesse achète les plaisirs et non l'autorité, il ne saurait y avoir aucune nécessité de faire périr un citoyen, à moins que sa mort ne soit le meilleur ou l'unique moyen de dissuader les autres de commettre des crimes, second motif qui peut faire regarder la peine de mort comme juste et nécessaire.

Si l'on n'est pas convaincu par l'expérience de tous les siècles, où le dernier supplice n'a jamais empêché des hommes résolus de nuire à la société, ni par l'exemple des citoyens romains, ni par les vingt ans de règne d'Elisabeth de Moscovie, qui a donné aux chefs des peuples un illustre exemple, qui équivaut pour le moins à bien des conquêtes que la patrie paie du sang de ses fils, si le langage de la raison paraît suspect et moins efficace que celui de l'autorité, il suffira d'étudier la nature de l'homme pour sentir la vérité de ce que j'avance.

Ce n'est pas la sévérité de la peine qui produit le plus d'effet sur l'esprit des hommes, mais sa durée. Notre sensibilité s'émeut plus facilement et de façon plus persistante d'impressions légères mais répétées que d'un choc violent mais passager. L'habitude exerce un empire universel sur tout être sensible, et comme c'est grâce à elle qu'il parle, qu'il marche et pourvoit à ses besoins, les idées morales ne s'impriment dans son esprit qu'à condition de le frapper longtemps et souvent. Le frein le plus puissant pour arrêter les crimes n'est pas le spectacle terrible mais momentané de la mort d'un scélérat, c'est le tourment d'un homme privé de sa liberté, transformé en bête de somme et qui paie par ses fatigues le tort qu'il a fait à la société. Chacun de nous peut faire un retour sur lui-même et se dire : « Moi aussi je serai réduit pour longtemps à une condition aussi misérable si je commets de semblables forfaits ». Cette pensée, efficace parce que souvent répétée, agit bien plus puissamment que l'idée toujours vague et lointaine de la mort.

L'impression causée par la peine de mort ne compense pas, si forte soit-elle, l'oubli rapide où elle tombe, oubli naturel à l'homme, même dans les choses les plus essentielles, et que les passions accélèrent encore. En règle générale, les passions violentes saisissent vivement, mais jamais pour longtemps ; cependant elles peuvent provoquer des révolutions qui, d'hommes ordinaires, font soit des Perses, soit des Spartiates ; mais sous un gouvernement libre et tranquille, il faut des impressions durables plutôt que fortes.

Pour la plupart des gens la peine de mort est un spectacle et, pour quelques-uns, l'objet d'une compassion mêlée de mépris ; chacun de ces deux sentiments occupe l'esprit des spectateurs, au lieu de la terreur salutaire que la loi prétend inspirer, tandis qu'en présence de peines modérées, mais qui durent, c'est ce dernier sentiment qui domine ou qui règne seul. La rigueur des châtiments devrait s'arrêter au point où le sentiment de compassion des spectateurs commence à prévaloir sur tout autre, devant un supplice fait pour eux plus encore que pour le coupable.

Pour qu'une peine soit juste, elle ne doit avoir que le degré de rigueur suffisant pour détourner du crime. Or il n'est personne qui, en y réfléchissant, puisse choisir la perte totale et définitive de sa liberté, si avantageux que puisse être le crime. Ainsi donc les travaux forcés à perpétuité, substitués à la peine de mort, ont toute la sévérité voulue pour détourner du crime l'esprit le plus déterminé. Je dirais plus : beaucoup de gens regardent la mort d'un œil tranquille et ferme, les uns par fanatisme, d'autres par vanité, sentiment qui accompagne les hommes au-delà du tombeau ; d'autres enfin veulent tenter ce moyen désespéré d'échapper à leur vie de misères. Mais ni le fanatisme ni la vanité ne persistent dans les fers et les chaînes, sous le bâton et sous le joug, dans une cage de fer, et les maux du malheureux, au lieu de finir, ne font alors que commencer. Notre âme supporte à la rigueur la violence et les douleurs extrêmes mais passagères en ramassant sur un seul moment sa force de résistance, tandis que sa vigueur et son élasticité mêmes ne peuvent à la longue endurer des tourments incessants. [...] On m'objectera peut-être que la réclusion perpétuelle est aussi douloureuse que la mort, et par conséquent tout aussi cruelle ; je répondrai qu'elle le sera peut-être davantage, si on additionne tous les moments malheureux qu'elle comporte, mais ceux-ci s'étendent sur toute la vie, alors que la mort déploie toute sa force en un seul instant ; et c'est l'avantage de la peine de réclusion, d'épouvanter plus celui qui la voit que celui qui la subit, parce que le premier considère la somme de tous les moments pénibles et que le second est distrait par le malheur présent de la pensée des peines à venir. L'imagination exagère tous les maux, et celui qui subit une peine trouve des ressources et des consolations inconnues du spectateur, car ceux-ci prêtent leurs propres sentiments à l'âme endurcie du malheureux.

[...]

La peine de mort est nuisible par l'exemple de cruauté qu'elle donne. Si les passions ont rendu la guerre inévitable et enseigné à répandre le sang, les lois, dont le but est d'assagir les hommes, ne devraient pas étendre cet exemple de férocité, d'autant plus funeste qu'elles donnent la mort avec plus de formes et de méthode. Il me paraît absurde que les lois, qui sont l'expression de la volonté générale, qui réprouvent et punissent l'homicide, en commettent elles-mêmes et, pour détourner les citoyens de l'assassinat, ordonnent l'assassinat public. [...]

Que doivent penser les gens en voyant les sages magistrats et les graves ministres de la justice faire traîner un coupable à la mort avec tranquillité, avec indifférence, après de longs préparatifs ? Et, tandis que le malheureux attend le coup fatal dans les transes et les suprêmes angoisses, le juge, froid et insensible, peut-être même secrètement satisfait de son autorité, s'en va goûter les agréments et les plaisirs de la vie. [...]

COMMENTAIRE

L'ABOLITIONNISME PARADOXAL DE BECCARIA

Cesare Beccaria n'est certes pas le tout premier auteur à s'être opposé à la peine de mort, mais c'est bien lui qui, avec la publication de son *Traité des délits et des peines* en 1764, contribua comme nul autre auteur avant lui à remettre en cause la peine capitale du point de vue de sa légitimité morale. Voltaire salua très rapidement l'importance de cet ouvrage en lui consacrant un *Commentaire*, ce qui accrut encore son audience dans toute l'Europe intellectuelle de l'époque. En tant que philosophe des Lumières, Beccaria se place sans ambiguïté sous l'égide de la raison, que ce soit pour proposer des réformes en matière de procédure pénale ou pour critiquer la torture et la peine de mort. Parce qu'il fut sans doute le plus influent parmi les pionniers de l'abolitionnisme, Beccaria bénéfice à juste titre d'une gloire intellectuelle que nous ne songeons pas à lui contester. Néanmoins, il n'est pas évident, à bien y regarder, que son argumentaire nous fournisse les raisons que nécessite aujourd'hui le combat (toujours en cours) pour l'abolition universelle de la peine de mort. Nous nous focaliserons ici sur les cinq arguments que Beccaria faisait valoir à l'encontre de la peine de mort (selon leur ordre d'apparition au chapitre XXVIII du *Traité*), en prenant la liberté de nous interroger sur leur valeur réelle, ainsi que sur leur puissance de persuasion à l'égard des partisans de la peine de mort. Nous soutiendrons que l'argumentaire de Beccaria, dans la mesure où il repose essentiellement sur des considérations d'ordre utilitariste et contractualiste, ne parvient que de façon partielle à rendre compte de la position abolitionniste aujourd'hui.

PREMIER ARGUMENT : LE CONTRAT SOCIAL EXCLUT NÉCESSAIREMENT LA PEINE DE MORT

Beccaria s'inscrit clairement dans la lignée des philosophes *contractualistes*, pour qui l'autorité politique, ainsi que les lois civiles, tiennent leur légitimité d'un hypothétique contrat social, à la faveur duquel les gouvernés eux-mêmes sont censés pouvoir consentir aux règles fondamentales régissant la société dont ils sont membres. La réponse contractualiste à la question de la légitimité du pouvoir assume ainsi une rupture aussi bien avec le cadre théologico-politique traditionnel (« Tout pouvoir vient de Dieu », selon la formule de Saint Paul[1]) qu'avec l'idée même d'aristocratie (le gouvernement des « meilleurs » ou de ceux qui, par nature, seraient « bien nés »). De sorte que la loi juste devient celle qui, idéalement, pourrait recevoir le consentement de tous, ou du moins d'une majorité de citoyens (ou de leurs représentants), selon la façon dont on envisage les termes du contrat social. Or de Hobbes à Rousseau, en passant par Locke et Spinoza, aucun des grands philosophes contractualistes n'avait jugé la peine de mort incompatible avec la notion même de contrat social. Beccaria, quant à

1. Saint Paul, *Épître aux Romains*, XIII, 1.

lui, fait valoir au contraire qu'il y aurait une contradiction, de la part d'individus cherchant précisément à quitter un « état de nature » en raison des menaces qu'il fait peser sur leurs vies, à confier à l'autorité politique le droit d'ôter la vie : « Qui aurait-eu l'idée de concéder à d'autres le pouvoir de le tuer ? Comment supposer que le minime sacrifice de liberté fait par chacun puisse comprendre celui du plus grand de tous les biens, la vie[1] ? ». En d'autres termes, le motif principal pour lequel nous voudrions échapper à l'état de nature étant de nous maintenir en vie, il serait parfaitement irrationnel de nous placer à nouveau sous la menace d'une mort infligée par l'autorité politique, dont la fonction est précisément de protéger les personnes et les biens. On a pu voir dans cet argument une objection directe aux propos de Rousseau dans le *Contrat social* : « c'est pour n'être pas la victime d'un assassin que l'on consent à mourir si on le devient[2] ». Notons que cet argument de Beccaria a incontestablement un aspect séduisant dans une perspective abolitionniste, puisqu'il revient en vérité à prétendre que la démocratie elle-même serait structurellement et logiquement incompatible avec la peine de mort, si l'on entend notamment par « démocratie » un régime dans lequel l'autorité des lois et des gouvernants émane de la volonté des gouvernés eux-mêmes. Pourtant, à bien y regarder, la contradiction que Beccaria pensait déceler est-elle bien réelle ?

Que Hobbes, Locke, Spinoza, Rousseau et Kant n'aient pas jugé la peine de mort incompatible avec la notion même de contrat social ne suffit certes pas à prouver que Beccaria se serait « trompé », mais cela laisse pour le moins présager

1. C. Beccaria, *Des délits et des peines*, *op. cit.*, p. 126.
2. J.-J. Rousseau, *Du Contrat social*, Livre II, chap. 5.

qu'un autre type de contrat social est possible, autorisant effectivement les juges à ôter la vie du meurtrier[1]. Un partisan de la peine de mort n'aura ici aucun mal à faire valoir que l'on ne saurait mettre sur le même plan la menace d'une mort imminente à l'état de nature d'une part, et la menace que ferait peser une loi pénale à l'encontre des seuls meurtriers d'autre part. Tandis que la première concernerait tous les individus sans distinction, la seconde ne vaudrait que pour les auteurs d'un crime. Le fait que le passage à l'état civil s'explique principalement par le désir de minimiser le risque d'une mort violente[2] ne suffit donc pas à exclure la peine de mort, si les individus concernés estiment avoir une bonne raison de souhaiter la mort des meurtriers. Cette raison n'est d'ailleurs pas nécessairement d'ordre utilitariste, mais peut très bien prendre un aspect « rétributiviste », s'ils jugent que le meurtrier a en quelque sorte perdu son droit à la vie et « mérite » désormais de mourir[3]. On peut certes être en désaccord avec une telle approche, mais force est de reconnaître qu'*une conception contractualiste de l'autorité politique n'est pas, par elle-même, nécessairement exclusive de la peine de mort*. En vérité, la question cruciale devient alors celle de savoir si le contrat social doit inclure la reconnaissance d'un droit *absolu* et *inconditionnel* à la vie, ou si ce droit à la vie peut

1. Voir Hugo A. Bedau, « The Right to Life and the Right to Kill », dans Hugo A. Bedau, *Death is Different. Studies in the Morality, Law, and Politics of Capital Punishment*, *op. cit.*, p. 53-59.

2. Sur l'état de nature et le contrat social selon Beccaria, voir l'ouvrage de référence de Ph. Audegean, *La philosophie de Beccaria. Savoir punir, savoir écrire, savoir produire*, Paris, Vrin, 2010, p. 47-78.

3. Cette critique est formulée par l'abolitionniste américain Hugo A. Bedau qui, en toute impartialité, reconnaît qu'il n'y a aucune *contradiction* à ce que le contrat social prévoie la peine de mort en cas de meurtre.

au contraire être perdu en raison d'un acte particulièrement grave. John Locke, par exemple, considérait que le meurtrier ne pouvait que « perdre » *(forfeit)* son droit à la vie et allait jusqu'à inscrire le droit de vie et de mort dans la définition même de l'autorité politique : « J'entends par pouvoir politique le droit de faire des lois, sanctionnées ou par la peine de mort ou, *a fortiori*, par des peines moins graves, afin de réglementer et de protéger la propriété[1] ». Dès lors qu'est admise la prémisse selon laquelle le droit à la vie est conditionné au respect de celle d'autrui, les partenaires du contrat social ne se rendent coupables d'aucune contradiction en prévoyant la peine de mort pour les meurtriers. Par ailleurs, contrairement à ce que laisse entendre Beccaria, il ne s'agirait pas à proprement parler, pour les contractants de « sacrifier » leur vie (ce qui n'aurait effectivement aucun sens), mais de consentir à vivre sous des lois prévoyant *qu'en cas de meurtre*, le coupable se verrait déchu de son droit à la vie. Quoique l'on pense d'une telle approche, reconnaissons qu'elle n'est ni contraire à la raison, ni contraire à l'idée de contrat social en général.

DEUXIÈME ARGUMENT : LA PEINE DE MORT N'EST PAS ÉMINEMMENT DISSUASIVE

Cesare Beccaria voulut démontrer que l'usage de la peine de mort n'était pas nécessaire pour lutter efficacement contre la criminalité. Il écrivait à cet égard : « si je prouve que cette peine n'est ni utile ni nécessaire, j'aurai fait triompher la cause de l'humanité[2] ». Il eut donc le mérite

1. J. Locke, *Traité du gouvernement civil*, chap. I, trad. fr. D. Mazel, Paris, GF-Flammarion, 1992, p. 142.
2. C. Beccaria, *Des délits et des peines*, *op. cit.*, p. 126.

de remettre en cause ce que l'on appellera plus tard « l'argument du sens commun », qui se présente ainsi : dans la mesure où la mort est considérée comme le pire des maux par la plupart des hommes, il n'est pas de peine plus dissuasive que la peine de mort. L'argumentaire prend ici une tonalité utilitariste, puisqu'il s'agit de se demander si l'exécution des criminels contribue véritablement à diminuer le taux de criminalité et, ce faisant, à optimiser le bonheur du plus grand nombre[1]. Notons que la question pertinente, d'un point de vue utilitariste, n'est pas tant celle de savoir si la peine de mort est dissuasive en général, que celle de savoir si elle est *éminemment* dissuasive. « Pour qu'une peine soit juste, écrit le marquis italien, elle ne doit avoir que le degré de rigueur suffisant pour détourner du crime[2] ».

La méthode argumentative de Beccaria consiste à *comparer* du point de vue de leur efficacité dissuasive la peine de mort d'une part, et la seule peine alternative envisageable à ses yeux d'autre part, à savoir les travaux forcés à perpétuité. Si la démarche nous semble pouvoir à bon droit être qualifiée d'utilitariste, c'est aussi dans la mesure où la sanction pénale y est appréhendée comme un mal en soi (elle inflige en effet une souffrance) qui ne peut se justifier qu'en tant que moyen nécessaire de produire un bien plus grand (une sécurité accrue pour le plus grand nombre). Naturellement, Beccaria ne dispose pas encore des nombreuses études statistiques ayant été effectuées depuis lors par des sociologues et des criminologues, montrant qu'il n'existe aucune corrélation

1. Beccaria, pour sa part, reprend le principe à son compte le principe d'utilité en ces termes : « *le plus de bonheur possible réparti sur le plus grand nombre* » (*ibid.*, p. 60).

2. *Ibid.*, p. 129.

(d'aucune sorte) entre la présence ou l'absence de la peine de mort au sein de l'arsenal pénal d'une part, et le taux de criminalité d'une société d'autre part. D'où l'absence de preuves empiriques dans son argumentaire et l'aspect à nouveau très spéculatif de sa réflexion[1]. À bien y regarder, sa démonstration repose en vérité sur des considérations *psychologiques* censées valoir pour la nature humaine en général. Son argument est relativement simple : la peine la plus dissuasive n'est pas nécessairement la plus sévère de toutes, mais celle qui a la capacité de nous *impressionner* le plus durablement. Beccaria mobilise ici implicitement une théorie de l'imagination comme capacité de se mettre à la place d'autrui. Les lois pénales doivent leur efficacité possible au fait que nous autres, les êtres humains, sommes particulièrement capables d'associer dans notre esprit telle infraction particulière à telle sanction déterminée. Nous serons généralement dissuadés de commettre une action illégale si la loi prévoit une sanction corrélative dont la quantité de souffrance est supérieure à la quantité de plaisir visée à travers cette action. Or, selon Beccaria, la perspective de devoir endurer une peine très longue et mêlée de grandes souffrances quotidiennes s'avère plus terrifiante que l'idée de subir une exécution capitale qui, tout compte fait, n'implique en définitive qu'une peine de très courte durée, provoquant la suppression pure et simple de toute souffrance possible.

Pourtant, cet argument utilitariste s'avère bien plus problématique qu'il n'y paraît. À vrai dire, il n'est pas du tout certain que le mouvement abolitionniste contemporain

1. Beccaria se contente d'évoquer, de façon allusive, « un petit nombre de sociétés » qui se sont « abstenues, fût-ce pour peu de temps, d'employer la peine de mort » (*ibid.*, p. 134), suggérant par là qu'elles n'ont pas connu pour autant un accroissement de la criminalité.

ait intérêt à le reprendre à son compte, tant il peut s'avérer contre-productif, voire à double tranchant. En effet, le lecteur pourra à bon droit être dérouté par la position du philosophe quant à la cruauté de la peine de mort. À première vue, nombre de ses déclarations vont dans le sens d'une plus grande modération des peines et d'une critique des supplices qui avaient cours à son époque. À l'instar du philosophe utilitariste anglais Jeremy Bentham, qui sera un de ses grands lecteurs, Beccaria considère qu'une peine est *cruelle*, dès lors qu'elle implique un degré inutile de sévérité. S'inscrivant dans la lignée des philosophes des Lumières, il écrit : « il s'est trouvé bien peu de gens pour envisager et combattre la cruauté des châtiments[1] ». Un peu plus loin, il fustige la « froide atrocité » de la justice de son temps et les « supplices barbares prodigués avec une inutile sévérité[2] ». L'excès de sévérité commence là où une peine plus clémente permettrait de lutter avec autant, voire plus d'efficacité contre l'infraction que l'on cherche à prévenir. C'est en ce sens que Beccaria commence par se référer à l'histoire humaine pour contester le caractère éminemment dissuasif de la peine de mort, arguant que « l'expérience de tous les siècles » suffit à montrer que « le dernier supplice n'a jamais empêché des hommes résolus de nuire à la société[3] ». Mais il n'en reste pas là et son argumentation prend alors une autre tournure.

Voulant convaincre ses lecteurs que la sécurité publique ne requiert pas la peine de mort, Beccaria en vient à proposer la seule peine alternative crédible à ses yeux, à savoir le bagne à perpétuité. Dès lors, la question décisive

1. C. Beccaria, « Introduction de l'auteur », *Des délits et des peines*, *op. cit.*, p. 60.

2. *Ibid.*, p. 61.

3. *Ibid.*, p. 127, nous soulignons.

devient celle de savoir quelle est, de ces deux peines, celle qui est la plus dissuasive. Le marquis estime que les travaux forcés à perpétuité sont incontestablement plus dissuasifs dans la mesure où ils poussent notre imagination à se représenter une peine intense, quotidienne et prenant place dans la durée. Disons-le sans détour, c'est ici que le bât blesse à nos yeux, car Beccaria semble vouloir jouer sur deux tableaux à la fois. D'un côté, il semble présenter l'abolition de la peine de mort comme la suppression d'une peine inutilement sévère. D'un autre côté, il s'appuie sur l'idée que la perspective d'être exécuté produit en nous une impression moins forte et moins durable que celle d'être traité comme « une bête de somme » jusqu'à la fin de nos jours. Ce faisant, en défendant les travaux forcés à perpétuité, il en appelle en réalité à *une peine plus cruelle que la peine de mort*. On nous objectera peut-être que cette peine alternative n'est qu'*en apparence* plus cruelle selon Beccaria. D'ailleurs, n'a-t-il pas lui-même anticipé cette objection ? Il écrit en effet :

> On m'objectera peut-être que la réclusion perpétuelle est aussi douloureuse que la mort, et par conséquent tout aussi cruelle ; je répondrai qu'elle le sera peut-être davantage, si on additionne tous les moments malheureux qu'elle comporte, mais ceux-ci s'étendent sur toute la vie, alors que la mort déploie toute sa force en un seul instant.

La réponse de Beccaria consiste effectivement à distinguer la sévérité *réelle* et la sévérité *apparente* de la peine, c'est-à-dire la peine telle qu'elle est réellement vécue par le condamné lui-même et la peine telle que nous l'imaginons. Or, « l'imagination exagère tous les maux, et celui qui subit une peine trouve des ressources et des *consolations* inconnues des spectateurs[1] », écrit-il. Or en quoi consistent ces « consolations » que parviennent à trouver les hommes condamnés au bagne ? La réponse de Beccaria n'a, à notre connaissance, jamais suscité l'attention qu'elle mérite et qui, il faut bien le dire, n'est pas dépourvue de cynisme : le condamné aux travaux forcés à perpétuité, explique-t-il, est malgré tout « distrait par le malheur présent de la pensée des peines à venir ». C'est donc à ce prix que Beccaria parvient à présenter le bagne comme moins cruel que la peine de mort : l'attention du forçat est tellement focalisée sur sa souffrance présente qu'il ne lui reste quasiment plus la force de se représenter la longue série de ses souffrances à venir. Reconnaissons qu'il s'agit là d'une façon paradoxale, pour ne pas dire cynique, de relativiser quelque peu la cruauté du bagne. C'est pourquoi cet argumentaire risque fort de poser au moins deux difficultés aux abolitionnistes contemporains.

D'abord, Beccaria n'est-il pas en train de substituer à la peine de mort une sanction pour le moins aussi cruelle et inhumaine ? Les termes utilisés par le marquis pour la décrire sont tout de même édifiants : il ne s'agit rien moins que d'infliger au criminel une « perte totale et définitive de sa liberté »[2] et de le transformer « en bête de somme »[3]. Reconnaissons que nous sommes très loin ici de l'idéal de modération des peines auquel Beccaria adhère par ailleurs. Comme le faisait remarquer à juste titre Robert Badinter, « il s'agit moins pour Beccaria de compassion pour le criminel que d'efficacité répressive[4] ».

1. C. Beccaria, « Introduction de l'auteur », *Des délits et des peines*, *op. cit.*, p. 130-131.
2. *Ibid.*, p. 129.
3. *Ibid.*, p. 128.
4. R. Badinter, « Présence de Beccaria », dans Beccaria, *Des délits et des peines*, *op. cit.*, p. 23.

On ne saurait mieux dire. Dans les faits, la proposition de Beccaria revenait, comme le souligne Hugo Adam Bedau, à offrir une rationalisation aux « formes brutales d'emprisonnement bien connues à son époque »[1]. De nos jours, rares sont les abolitionnistes qui justifieraient leur position en évoquant une peine alternative *plus efficace en raison de sa plus grande sévérité* (fût-elle apparente). Car cela revient, qu'on le veuille ou non, à lui préférer une peine encore plus effrayante[2]. De sorte que cet argument à double tranchant peut servir tout autant la cause des partisans de la peine de mort, dans la mesure où il est parfaitement réversible. C'est ainsi que le philosophe John Stuart Mill s'opposa en tant que parlementaire à l'abolition de la peine capitale, précisément en soutenant que cette dernière était, tout bien considéré, moins cruelle que le bagne à perpétuité[3].

Deuxièmement, cette peine alternative ne pose-t-elle pas un problème de cohérence interne au sein de la philosophe pénale de Beccaria ? On voit mal en effet pourquoi l'argument contractualiste évoqué plus haut (selon lequel les partenaires du contrat social ne sauraient céder à l'autorité politique leur droit à la vie) ne s'appliquerait pas de façon identique à l'idée d'une « perte

1. Hugo A. Bedau, *Killing as Punishment. Reflections on the Death Penalty in America*, Boson, Northeastern University Press, 2004, p. 77, nous traduisons.

2. Pour Jacques Derrida également, Beccaria a bel et bien soutenu que « la prison à vie et les travaux forcés à perpétuité <étaient> plus cruels et ainsi plus dissuasifs, finalement plus utiles, donc, que la peine de mort pour tout criminel virtuel ». Voir J. Derrida, *Séminaire sur la peine de mort. Volume 2 (2000-2001)*, Paris, Galilée, 2015, p. 82-83.

3. J. S. Mill, « Plaidoyer en faveur de la peine capitale », traduction B. Basse, *Revue d'études benthamiennes* 12, 2013, mis en ligne le 10 décembre 2013, http://journals.openedition.org/etudes-benthamiennes/697.

totale et définitive de sa liberté ». Si le contrat a pour but de réunir des hommes lassés de vivre dans un état de nature marqué par la crainte pour sa propre vie et sa liberté, comment pourraient-ils consentir à se voir éventuellement privés de *toute* liberté, et ce de façon *définitive ?*

TROISIÈME ARGUMENT : UNE CONTRADICTION PERFORMATIVE

Beccaria est également l'auteur d'un argument souvent mobilisé par les associations abolitionnistes aujourd'hui, consistant à pointer du doigt une incohérence pratique, voire une sorte de *contradiction performative*, comme disent les logiciens, entre la condamnation morale du meurtre d'une part, et le fait d'autoriser l'État à tuer certains hommes. En somme, notre aversion pour le meurtre devrait nécessairement nous conduire à refuser que l'État procède à des exécutions, dans la mesure où il s'agirait dans les deux cas de la même chose. Allons même plus loin : les exécutions capitales seraient en réalité assimilables à des « assassinats », dans la mesure où elles ont un caractère incontestablement intentionnel et prémédité. Beccaria n'hésite pas à souligner une incohérence : « il me paraît absurde que les lois, qui sont l'expression de la volonté générale, qui réprouvent et punissent l'homicide, en commettent elles-mêmes et, pour détourner le citoyen de l'assassinat, ordonnent l'assassinat public[1] ». En somme, tout se passe comme si la pratique de la peine de mort revenait, de la part de l'État, à adopter la célèbre maxime « Faites ce que je dis, et non pas ce que je fais ». Beccaria suggère que les exécutions capitales donnent « un exemple de cruauté[2] » directement contraire

1. C. Beccaria, *Des délits et des peines*, *op. cit.*, p. 132.
2. *Ibid.*

au type de comportement qu'il cherche à promouvoir chez les citoyens. Il est absurde de tuer en vue d'exprimer notre désapprobation du meurtre.

Le premier problème que pose cet argument est qu'il est à nouveau extrêmement spéculatif : les uns estimeront que la meilleure façon d'exprimer notre condamnation du meurtre est de s'abstenir absolument de mettre à mort le meurtrier lui-même, tandis que d'autres soutiendront au contraire qu'il est des cas où seule l'exécution capitale est à même de manifester le caractère absolument inacceptable du crime commis[1]. Dira-t-on que les uns ont « raison », tandis que les autres ont « tort » ? Cette question n'est-elle pas indécidable d'un point de vue strictement rationnel ? L'argument risque même d'être beaucoup moins convaincant dans le cas des auteurs non pas d'un seul meurtre, mais d'une série de meurtres, sans parler des meurtriers de masse et des génocidaires. Dans ces cas, un partisan de la peine de mort n'aura aucun mal à faire valoir que ce que l'État inflige au criminel en le faisant mourir, n'est pas à proprement parler « la même chose » et que même la sentence de mort demeure immanquablement inappropriée, tant elle échoue à « correspondre » au mal ayant été perpétré par le condamné.

Deuxièmement, cet argument possède l'inconvénient d'impliquer des conséquences que peu d'entre nous seraient prêts à assumer. En effet, si l'État devait par principe renoncer à toute peine analogue au crime commis, il nous faudrait refuser toute forme de privation infligée par l'institution judiciaire. Comme l'écrit à juste titre l'abolitionniste Hugo Adam Bedau, « selon une telle

1. Voir l'article de E. van den Haag, dans Hugo A. Bedau, *The Death Penalty in America*, *op. cit.*, p. 332-333 ; et l'article de W. Berns, dans le même recueil, p. 333-338.

logique, on pourrait douter si l'on fait bien de priver certaines personnes de leur liberté et de leur propriété afin de montrer que le kidnapping et le vol sont des crimes[1] ». Force est de reconnaître que toute sanction pénale implique la privation de certains droits. Pris à la lettre, ce second argument de Beccaria conduirait donc *in fine* à rejeter non seulement la peine de mort, mais toute peine alternative également.

Conclusion

Pour les raisons que nous avons avancées, il nous semble donc que la cause abolitionniste ne devrait certainement plus se satisfaire de l'argumentaire développé par Beccaria en son temps. Le marquis milanais eut certes l'immense mérite de remettre en cause la pratique de la peine de mort et la formidable réception dont bénéficia son traité *Des délits et des peines* en Europe suffirait sans doute à attester que son argumentaire fut suffisamment efficace pour transformer la peine de mort en un *problème moral*. Mais à bien y regarder, ses arguments présentent certaines fragilités. Par ailleurs, celles et ceux qui, parmi nous, s'opposent catégoriquement aux exécutions capitales – voire militent au sein d'associations pour l'abolition universelle – ne reprochent certainement pas à la peine de mort d'être insuffisamment terrifiante aux yeux des criminels potentiels. Ils estiment plus simplement que la pratique pénale, comme toute pratique sociale, doit se voir imposer certaines *limites morales*, lui interdisant de recourir à des peines proprement inhumaines.

1. Hugo A. Bedau, *Killing as Punishment*, *op. cit.*, p. 77, nous traduisons.

TEXTE 2

EMMANUEL KANT

Métaphysique des mœurs. Première partie : Doctrine du droit[1]

La *peine juridique* (*poena forensis*), qui est distincte de la peine *naturelle* (*poena naturalis*), par laquelle le vice se punit lui-même et à laquelle le législateur n'a point égard, ne peut jamais être considérée simplement comme un moyen de réaliser un autre bien, soit pour le criminel lui-même, soit pour la société civile, mais doit uniquement lui être infligée, *pour la seule raison qu'il a commis un crime* ; en effet l'homme ne peut jamais être traité simplement comme un moyen pour les fins d'autrui et être confondu avec les objets du droit réel ; c'est contre quoi il est protégé par sa personnalité innée, bien qu'il puisse être condamné à perdre la personnalité civile. Il doit préalablement être trouvé *punissable*, avant que l'on songe à retirer de cette punition quelque utilité pour lui-même ou ses concitoyens. La loi pénale est un impératif catégorique, et malheur à celui qui se glisse dans les anneaux serpentins de l'eudémonisme pour trouver quelque chose qui, par l'avantage qu'il promet, le délivrerait de la peine ou l'atténuerait, d'après la sentence

1. E. Kant, *Métaphysique des mœurs II. Doctrine du droit*, trad. fr. A. Philonenko, Paris, Vrin, 1971, p. 214-218.

pharisienne : « Mieux vaut la mort d'*un* homme que la corruption de tout un peuple » ; car si la justice disparaît, c'est chose sans valeur que le fait que des hommes vivent sur terre. [...]

Mais quel est le mode et quel est le degré du châtiment que la justice publique doit adopter comme principe et mesure ? Il n'en est point d'autre que le principe de l'égalité (figuré par la position de l'aiguille dans la balance de la justice), et qui consiste à ne pas se pencher d'un côté plus que de l'autre. Ainsi : le mal immérité que tu infliges à un autre dans le peuple, tu le fais à toi-même. Si tu l'outrages, c'est toi-même que tu outrages ; si tu le voles, tu te voles toi-même ; si tu le frappes, tu te frappes toi-même ; si tu le tues, tu te tues toi-même. Seule la *loi du talion (ius talionis)*, mais bien entendu à la barre du tribunal (et non dans un jugement privé), peut fournir avec précision la qualité et la quantité de la peine ; toutes les autres sont chancelantes et ne peuvent, en raison des considérations étrangères qui s'y mêlent, s'accorder avec la sentence de la pure et stricte justice. – Certes, il semble que la différence des conditions (sociales) ne permette pas l'application du principe du talion : d'égal à égal ; mais s'il ne peut être possible à la lettre, il demeure toujours valable selon l'effet, relativement à la manière de sentir de ceux qui sont les plus privilégiés. – Ainsi, par exemple, une amende infligée pour une injure verbale n'a de fait aucun rapport à l'offense, car celui qui a beaucoup d'argent peut bien se permettre ceci parfois à titre de plaisir ; mais l'atteinte portée à l'honneur de l'un pourrait cependant être égalée par la blessure de l'orgueil de l'autre si ce dernier, par un jugement et par le droit, n'était pas seulement contraint de présenter des excuses publiquement, mais encore, par exemple, à baiser la main du premier, bien qu'il soit d'un rang inférieur. [...]

[...] Mais si le criminel a commis un meurtre, il doit *mourir*. Il n'existe ici aucune commutation de peine qui puisse satisfaire la justice. Il n'y a aucune *commune mesure* entre une vie, si pénible qu'elle puisse être, et la mort et par conséquent aucune égalité du crime et de la réparation, si ce n'est par l'exécution légale du coupable, sous la condition que la mort soit délivrée de tout mauvais traitement qui pourrait avilir l'humanité dans la personne du patient. – Même si la société devait se dissoudre avec le consentement de tous ses membres (si par exemple, un peuple habitant une île décidait de se séparer et de se disperser dans le monde tout entier) le dernier meurtrier se trouvant en prison devrait préalablement être exécuté, afin que chacun éprouve la valeur de ses actes, et que le sang versé ne retombe point sur le peuple qui n'aurait point voulu ce châtiment, car il pourrait être considéré alors comme complice de cette violation de la justice publique.

[...] Supposez que dans la dernière révolte d'Écosse[1], comme plusieurs participants à celle-ci (tels Balmerino et d'autres) ne croyaient en se soulevant que remplir leur devoir envers la maison des Stuart, tandis que d'autres en revanche n'agissaient que d'après des considérations personnelles, le tribunal suprême ait prononcé ainsi son jugement : chacun aurait la liberté de choisir entre la mort et les travaux forcés. – J'affirme que l'homme d'honneur eût préféré la mort et la fripouille les mines ; ainsi va la nature de l'esprit humain. C'est que le premier connaît quelque chose qu'il estime encore plus que la vie elle-même, je veux dire l'honneur, tandis que le second tiendra toujours comme préférable à l'inexistence une vie couverte de honte. [...] – En outre, on n'a jamais entendu

1. Il s'agit du soulèvement de 1745-1746 [N.d.T.].

un condamné à mort pour meurtre se plaindre que la peine soit trop lourde et ainsi injuste ; chacun lui rirait au nez s'il en parlait de la sorte. [...]

Là contre le marquis de Beccaria, à partir d'un sentiment d'humanité affecté *(compassibilitas)*, a établi sa thèse suivant laquelle toute peine de mort est *illégale*, parce qu'elle ne pouvait pas être comprise dans le contrat civil originaire ; en effet chacun dans le peuple aurait dû consentir à perdre sa vie, s'il venait à tuer quelqu'un (dans le peuple) ; or un tel consentement serait impossible, puisque personne ne peut disposer de sa vie. Tout cela n'est que sophisme et argutie juridique.

Personne n'est puni pour avoir voulu *la peine*, mais pour avoir voulu une *action punissable* ; car il n'y a plus punition dès lors qu'il arrive à quelqu'un ce qu'il veut et il est impossible de *vouloir* être puni.

COMMENTAIRE

PENSER LA PEINE DE MORT, AVEC ET CONTRE KANT

Si Kant fut un fervent défenseur de la peine de mort, c'est d'abord en raison de son adhésion générale à la « loi du talion » comme principe de détermination des peines. À n'en pas douter, bon nombre de lecteurs seront surpris d'apprendre que l'homme considéré par beaucoup comme le plus grand philosophe des Lumières a pu non seulement souscrire à cet antique principe du talion – devenu pour beaucoup d'entre nous synonyme de cruauté et de vengeance –, mais surtout y voir l'expression d'une exigence purement rationnelle. À tel point que l'on a pu être tenté de voir dans ce talion une sorte de bizarrerie que rien n'imposait du point de vue même de la philosophie juridique de Kant[1]. Pourtant, nous voudrions montrer que l'introduction d'un tel principe n'a rien de fortuit chez Kant et qu'il est même en parfaite cohérence avec sa philosophie pratique.

Certes, Kant ne tarde pas à reconnaître qu'il n'est pas toujours envisageable d'appliquer *à la lettre* le principe

1. Cette position, fort contestable selon nous, est défendue par Jean-Christophe Merle. Voir « A Kantian Critique of Kant's Theory of Punishment », *Law and Philosophy*, Vol. 19, n° 3, Mai 2000, p. 311-338.

du talion. Il est hors de question, par exemple, de violer un violeur. Mais en réalité, ce que Kant formule à travers ce principe est une exigence de *proportionnalité* et *d'adéquation* entre la gravité du crime commis et la sévérité de la peine infligée à son auteur. Plus précisément, il faut que la sanction pénale « corresponde » le plus possible au crime, tant du point de vue du genre que de sa quantité. À ce stade, on sera peut-être tenté de souligner que le principe de proportionnalité, en tant que tel, ne requiert pas nécessairement la peine de mort pour les assassins. En effet, ne suffit-il pas de respecter une gradation des peines, de telle sorte que les crimes les plus graves soient punis plus sévèrement que les crimes les moins graves ? Le principe de proportionnalité, dira-t-on, ne permet pas à lui seul de déterminer quelle doit être la peine la plus sévère prévue par la loi[1]. Mais il existe au moins deux grandes façons d'interpréter cette exigence de proportionnalité[2]. Selon le principe de proportionnalité *ordinale*, il suffit certes que l'échelle des peines prévoie des sanctions plus sévères à mesure qu'augmente la gravité des infractions. Par où l'on voit que cette approche de la proportionnalité autorise une pluralité d'échelles possibles, en laissant au législateur le soin de fixer les seuils de sévérité minimale et maximale. Dans ce cas, la proportionnalité ordinale serait respectée même si l'on condamnait l'auteur d'un assassinat à une amende plutôt qu'à une peine de prison, à condition toutefois que le montant de l'amende pour un assassinat soit considérablement plus élevé que pour une

1. C'est sur la base de cet argument qu'un certain nombre d'auteurs contestent que le rétributivisme conduise nécessairement à justifier la peine de mort. Voir ici même notre « Introduction ».

2. Voir par exemple A. von Hirsch, « Proportionality in the Philosophy of Punishment », *Crime and Justice*, 1992, Vol. 16, p. 55-98.

infraction au code de la route. Néanmoins, le caractère contre-intuitif de cette approche fait peu de doute, tant il serait irréaliste de nier que certaines peines nous apparaîtront toujours *en elles-mêmes* trop sévères ou, au contraire, excessivement clémentes. C'est la raison pour laquelle le principe de proportionnalité *cardinale* pose en outre que la peine doit *correspondre* à l'infraction. C'est bien en ce sens que Kant écrit : « le mal immérité que tu infliges à un autre dans le peuple, tu le fais à toi-même ; si tu l'outrages, c'est toi-même que tu outrages ; si tu le voles, tu te voles toi-même ; si tu le tues, tu te tues toi-même ».

Or c'est là le point décisif, car *l'adhésion au principe de proportionnalité cardinale conduit nécessairement, selon Kant, à la justification de la peine de mort*. En effet, si la peine doit absolument *refléter* le crime commis, alors il devient difficile d'échapper à cette observation de Kant : il n'existe « aucune *commune mesure* entre une vie, si pénible qu'elle puisse être, et la mort »[1]. Pourtant, comme nous le verrons, Kant lui-même a ressenti la nécessité de limiter la portée du principe de proportionnalité cardinale, en invoquant un *principe d'humanité* de la peine permettant de refuser certaines pratiques trop cruelles. Mais force est de constater que, comme nombre de ses contemporains, le philosophe de Königsberg n'a pas considéré les exécutions capitales comme intrinsèquement cruelles et inhumaines, dès lors qu'elles étaient infligées sans « mauvais traitement <pouvant> avilir l'humanité dans la personne du patient ». Ces différentes idées prêtent bien sûr le flanc à certaines objections. Mais il nous faudra d'abord tenter de comprendre les raisons ayant conduit Kant à privilégier cette « loi du talion », si chère

1. E. Kant, *Doctrine du droit*, *op. cit.*, p. 216.

aux partisans de la peine capitale. Car loin de constituer une sorte de postulat arbitraire et contingent au sein du système kantien, nous verrons que Kant s'est efforcé de l'argumenter.

Emmanuel Kant est très souvent présenté comme le chef de file des philosophes « rétributivistes » en matière pénale. Cette réputation n'est certes pas usurpée, mais il nous faut être plus précis, en distinguant trois types de questions auxquelles Kant a apporté des réponses différenciées :

Q1 : Pourquoi punir? Peut-on justifier l'existence d'une institution pénale en général?

Q2 : Qui punir? Pourquoi ne doit-on punir que l'auteur de l'infraction?

Q3 : Comment punir? Quel type de peine appliquer? Avec quelle sévérité?

La première question concerne le problème moral de la sanction pénale en général, à savoir : est-il légitime que l'État punisse des individus? Qu'est-ce qui peut éventuellement justifier l'infliction d'une souffrance (*poena)* à des êtres humains? À cette question très générale (« Pourquoi punir? »), la réponse de Kant s'avère bien plus conséquentialiste que ne l'ont supposé la plupart des commentateurs[1]. Le droit de punir trouve selon lui sa justification dans le fait qu'il est un *moyen* de prévenir les crimes et de garantir une protection effective de la liberté de chacun. Le droit, selon Kant, a essentiellement pour fonction de protéger notre « droit inné à la liberté ». Ce droit « appartient à chacun par nature » et peut être

1. Mentionnons l'article décisif ayant remis en cause l'image d'un Kant strictement rétributiviste en matière pénale : Don Scheid, « Kant's Retributivism », *Ethics*, vol. 93, n° 2, 1983, p. 262-282.

revendiqué par tout être humain, simplement en vertu de son humanité. Il s'agit du droit de se déterminer selon son propre arbitre :

> La *liberté* (l'indépendance de l'arbitre nécessitant d'autrui), dans la mesure où elle peut subsister avec la liberté de tout autre suivant une loi universelle, est cet unique droit originaire revenant à l'homme de par son humanité[1].

La liberté signifie donc ici l'état dans lequel nous sommes lorsque nous ne subissons aucune coercition de la part des autres. De sorte que l'on peut qualifier de « juste » toute action compatible avec la liberté d'autrui. Selon Kant, le concept de droit en général est indissociable du droit de « contraindre » tous ceux qui ne respectent pas la liberté des autres[2]. Autrement dit, le droit n'aurait aucune effectivité si l'État ne disposait pas du droit d'instaurer des lois pénales, par lesquelles il incite chacun à respecter la liberté des autres, sous peine de sanction. Par son caractère dissuasif, la sanction pénale se présente comme le dispositif juridique permettant de diminuer le nombre d'actions liberticides. À ce niveau de généralité, la réflexion pénale de Kant est donc bien conséquentialiste : l'institution pénale trouve sa justification à travers ses *conséquences* bénéfiques pour le corps social.

C'est en réalité cette seconde question (*Qui punir* ?) qui fait apparaître chez Kant une réponse de type rétributiviste à laquelle on l'associe à juste titre. Rappelons que le « rétributivisme » renvoie à l'idée qu'il est juste d'attribuer une sanction à celui qui la « mérite », simplement en vertu de l'infraction qu'il a lui-même commise. Kant rejette à

1. E. Kant, *Doctrine du droit*, *op. cit.*, p. 111-112.
2. *Ibid.*, p. 104-106.

ce stade toute justification de type conséquentialiste : « la peine judiciaire [...] ne peut jamais être considérée comme un moyen de réaliser un autre bien, soit pour le criminel lui-même, soit pour la société civile, mais doit uniquement lui être infligée, *pour la seule raison qu'il a commis un crime* »[1]. C'est bien l'infraction commise qui suffit à justifier que l'on punisse exclusivement son auteur, et non pas quelqu'un d'autre. Autrement dit, si le criminel « mérite » sa punition, c'est au sens où il n'a réussi à s'empêcher de faire ce que les autres s'interdisent. Comme l'a bien vu Jeffrie Murphy[2], Kant invoque ici l'absence de réciprocité dont s'est rendu coupable le criminel, pour justifier qu'on lui applique une sanction pénale. En somme, l'infracteur manque de *fair play* et rompt l'exigence de réciprocité qui doit pourtant constituer le cœur des relations juridiques entre les hommes. Ainsi, tout criminel contracte une *dette* envers les autres membres de la société civile, qui acceptent quant à eux le sacrifice qu'implique le respect du droit.

L'infliction d'une peine apparaît ainsi comme une véritable *fin en soi*, au sens où elle est exigée indépendamment de la question de savoir si elle est utile au bien-être de qui que ce soit. C'est une exigence de la raison pratique que l'auteur de l'infraction soit puni. « La loi pénale est un impératif catégorique », écrit Kant. D'ailleurs, une expérience de pensée suffit à le montrer selon lui :

> Même si la société civile se dissolvait avec l'accord de tous ses membres (par exemple, si le peuple qui habite

1. E. Kant, *Doctrine du droit*, *op. cit.*, p. 214, traduction modifiée.
2. J. G. Murphy, *Kant : The Philosophy of Right*, MacMillan, St Martin's Press 1970, p. 135-136.

> une île résolvait de se séparer et de se disperser dans le monde entier), le dernier meurtrier se trouvant en prison devrait auparavant être exécuté, de façon que chacun éprouve la valeur de ses actes et que l'homicide ne vienne pas à la charge du peuple qui n'a pas pourvu à ce châtiment[1].

La raison humaine peut-elle nous guider dans la recherche d'un principe permettant de déterminer quelle peine s'avère la plus juste en cas d'infraction ? Il importe à présent de repérer les cinq arguments proposés par Kant en faveur du principe de proportionnalité cardinale (ou « loi du talion »).

Le premier argument consiste dans une critique de la réponse utilitariste, qu'il juge insuffisamment déterminée (« chancelante »). En effet, si le critère de la juste peine résidait dans ses conséquences bénéfiques pour le criminel lui-même et le reste de la société, il nous faudrait alors procéder à un calcul toujours incertain, tant les conséquences à long terme d'une peine sont difficiles, voire impossibles à évaluer. Par ailleurs, la peine ne devrait-elle pas varier d'un criminel à l'autre ? Qui peut en effet prédire avec certitude l'effet précis que produira une sanction pénale sur tel ou tel individu particulier ? Le risque est d'aboutir à des décisions de justice à géométrie variable et de s'éloigner de « la position qu'occupe l'aiguille de la balance », à savoir le juste milieu entre un défaut et un excès de sévérité. C'est pourquoi la sévérité de la peine ne doit pas dépendre de ses effets supposés, mais de la nature de l'infraction. De sorte que si j'ôte la vie d'un autre, je ne suis plus en droit de faire valoir un quelconque droit à la vie : « le mal

1. E. Kant, *Doctrine du droit*, *op. cit.*, p. 155.

immérité que tu infliges à un autre dans le peuple, tu le fais à toi-même », écrit Kant. L'unique principe capable de déterminer avec précision le *quantum* de la peine est donc selon Kant la loi du talion. « à la condition, bien sûr de s'accomplir à la barre d'un tribunal (et non pas dans un jugement privé) », écrit Kant. Cette précision est censée maintenir une distinction suffisamment claire entre la justice et la vengeance. D'après ce critère purement formel et procédural, il suffit qu'une peine soit prononcée par un tribunal habilité par l'État à dire le droit pour que l'on ait affaire à une décision de justice. Autrement dit, même si la sanction pénale s'avère identique à l'infraction quant à son contenu, cela n'est pas une raison suffisante pour que l'on puisse parler de « vengeance ». Cette dernière ne saurait désigner que l'acte d'une personne qui « se fait justice elle-même », comme on dit, et non pas le verdict d'un tribunal.

Sans doute faut-il rappeler à ce stade que le principe du talion, même du temps de Kant, n'était pas nécessairement perçu comme le signe d'une justice archaïque, et encore moins barbare. En vérité, « œil pour œil, dent pour dent » a longtemps renvoyé à l'exigence morale de ne pas dépasser un certain seuil de sévérité dans la réponse pénale et de se tenir à égale distance des peines excessivement ou insuffisamment sévères[1]. À vrai dire, tout laisse penser qu'en insistant sur l'exigence d'*égalité* entre le crime et sa sanction, Kant était convaincu de s'en remettre à une solution scientifique, de par sa nature « newtonienne » : toute action contraire au droit appelle une réaction de force égale, ni plus ni moins. Ce faisant, il était convaincu de

1. Voir E. Levinas, « La loi du talion », dans *Difficile liberté* [1963], Paris, Le livre de poche, 1976, p. 207-210.

proposer un principe de détermination des peines excluant toute forme d'excès et de cruauté. C'est d'ailleurs ce que tendrait à confirmer sa profonde sympathie pour l'esprit de la Révolution française, ainsi que pour les réformes du code pénal prussien[1].

Deuxièmement, Kant présente comme un argument en faveur du talion l'idée selon laquelle un criminel à qui l'on applique en retour ce qu'il a fait subir à sa victime *n'est pas en droit de se plaindre*. La force de cet argument lui vient de son caractère extrêmement intuitif. En effet, la morale commune tend à insister sur cette exigence de *réciprocité* des droits et des devoirs. Quiconque a délibérément enfreint un droit chez les autres perd précisément le droit de revendiquer pour lui-même le respect de ce même droit de la part des autres. N'y a-t-il pas une sorte de contradiction performative à réclamer que les autres respectent un droit que l'on a soi-même décidé de fouler aux pieds ? C'est pourquoi comme bon nombre d'autres philosophes avant et après lui, Kant n'a jamais reconnu l'existence d'un droit *inconditionnel* à la vie. À vrai dire, force est de reconnaître que l'idée d'un droit absolu à la vie était encore largement anachronique au siècle des Lumières. Au siècle précédent, en réaction contre la conception absolutiste de l'autorité politique, John Locke avait certes fondé le libéralisme politique en établissant un « droit à la vie » comme une des composantes du droit à la « propriété » (comportant la vie, la liberté et les biens matériels). Mais même pour Locke, il allait tout à fait de soi que l'on pouvait « perdre » (*forfeit*) son droit à la vie

1. Voir Th. Auxter, « The World of Retribution », *in* J. Kneller et S. Axinn (eds.), *Autonomy and Community. Readings in Contemporary Kantian Social Philosophy*, New York, SUNY Press, 1998, p. 193-195.

en commettant un meurtre[1]. Telle fut d'ailleurs par la suite la position des Pères-Fondateurs des États-Unis, pour qui le « droit à la vie » proclamé dans la Constitution n'avait pas vocation à s'appliquer aux criminels.

Troisièmement, si le meurtrier à qui l'on applique la peine de mort n'est pas en position de se plaindre, c'est aussi parce qu'en un sens il a lui-même *voulu* la peine qui lui est infligée – non pas en tant que criminel certes, mais en tant que membre idéal d'un peuple se donnant ses propres lois. Kant convoque ici l'idée d'autonomie du sujet politique afin de répondre à l'objection de Beccaria selon laquelle nul ne pourrait avoir souscrit à la peine de mort au moment d'adhérer au contrat social. Kant, qui est lui-même contractualiste, fait remarquer non sans raison que si la critique de Beccaria était juste, elle vaudrait alors pour *toute* peine :

> Personne n'est puni pour avoir voulu *la peine*, mais pour avoir voulu une action punissable ; car il n'y a plus punition dès lors qu'il arrive à quelqu'un ce qu'il veut et il est impossible de *vouloir* être puni[2].

Kant ne voit donc qu'un sophisme dans l'argument abolitionniste contractualiste, car en vérité, il n'y a aucune contradiction à ce qu'un peuple se dote démocratiquement de la peine de mort. Bien plus, il estime qu'à l'instar de la législation pénale en général, la peine capitale recevrait l'approbation de « la pure raison juridiquement législatrice ». En tant que chacun de nous se pense comme co-législateur, au niveau du contrat originel, nous ne pourrions qu'approuver la proportionnalité cardinale

1. J. Locke, *Traité du gouvernement civil*, § 11, *op. cit.*, chap. II, p. 149.

2. E. Kant, *Doctrine du droit*, *op. cit.*, p. 157.

comme principe de détermination des peines pour les tribunaux. S'inspirant de la théorie de la volonté générale de Rousseau, Kant avait déjà formulé dans *Théorie et pratique* la méthode par laquelle le législateur ou même le simple citoyen peuvent découvrir le contenu des lois justes en s'efforçant de faire abstraction de ses intérêts particuliers pour adopter le point de vue qui serait celui d'un « peuple tout entier » :

> [C]'est une *simple Idée* de la raison, qui a pourtant une réalité (pratique) indubitable : en effet, elle oblige chaque législateur à légiférer comme si les lois avaient pu émaner de la volonté unie d'un peuple tout entier, et elle oblige chaque sujet, dans la mesure où il veut être un citoyen, à se regarder comme ayant participé à l'accord général d'une telle volonté [1].

Il s'agit donc de distinguer l'individu criminel (dont on ne saurait exiger qu'il veuille sa propre mort) et la personne rationnelle capable de reconnaître que « si le criminel a commis un meurtre, il doit mourir »[2].

Quatrièmement, Kant développe un argument faisant appel au *sens de l'honneur* de la personne reconnue coupable. Il estime en effet que tout assassin à qui l'on permettrait d'opter pour la mort ou le bagne à perpétuité devrait choisir de mourir, du moins s'il lui reste un quelconque sens de l'honneur. L'idée sous-jacente semble être qu'en dépit du caractère profondément immoral

1. E. Kant, *Théorie et pratique*, trad. fr. F. Proust, Paris, GF-Flammarion, 1994, p. 73.

2. E. Kant, *Doctrine du droit*, *op. cit.* p. 216. En fait, comme l'explique Alexis Philonenko dans son « Introduction » à la *Doctrine du droit* de Kant, « c'est l'homme nouménal, c'est-à-dire *la raison juridiquement pratique en moi*, qui prononce la sentence envers l'être sensible » (p. 70).

de son acte, le meurtrier se grandit, en quelque sorte, en se soumettant volontairement à la seule peine qu'il mérite véritablement. Ainsi pourra-t-on dire de lui qu'il est parvenu à saisir l'ultime occasion de manifester son courage et sa force d'âme en plaçant son honneur plus haut que sa simple survie. Ce faisant, Kant s'oppose de nouveau à Cesare Beccaria, qui prônait précisément le remplacement des exécutions capitales par le bagne à perpétuité, qu'il décrivait en ces termes : « le tourment d'un homme privé de sa liberté, transformé en bête de somme »[1]. Dans un exemple célèbre de sa *Critique de la raison pratique*, Kant avait déjà souligné à quel point il est toujours possible aux hommes de choisir l'action conforme à leur devoir, dussent-ils prendre des risques pour leur propre vie[2]. L'homme est cet être qui a la liberté de faire prévaloir des considérations morales sur ses intérêts égoïstes. Or, dans le cas du meurtrier reconnu coupable, l'ultime liberté consiste, en somme, à consentir à ce verdict de mort, en vue d'assumer pleinement sa responsabilité et sa dignité d'homme.

Pour finir, Kant présente un cinquième argument reposant sur ce que l'on nomme la valeur « expressive »[3] de la peine. L'idée est qu'à travers la sévérité plus ou moins grande des peines que nous choisissons d'infliger, nous manifestons collectivement un certain degré de

1. C Beccaria, *Des délits et des peines*, *op. cit.*, p. 128.

2. Nous pensons ici à l'exemple kantien de l'homme qui, menacé de mort par un tyran au cas où il refuserait de porter un faux témoignage contre quelqu'un d'autre, conserve selon Kant la liberté de résister à ses penchants égoïstes (son instinct de survie en l'occurrence) pour agir conformément à la loi morale que lui dicte sa raison.

3. L'article devenu classique sur la fonction « expressive » de la peine est celui de J. Feinberg, « The Expressive Function of Punishment », *The Monist* 49 (3), juillet 1965, p. 397-432.

désapprobation à l'égard des infractions à la loi. En somme, plus l'action délictueuse ou criminelle est jugée contraire aux valeurs de la société, plus elle se doit d'être punie sévèrement. Or le philosophe allemand estime que seule l'application du principe de proportionnalité cardinale (ou « loi du talion ») permet aux citoyens d'exprimer adéquatement leur désapprobation à l'égard des crimes commis. S'agissant des meurtriers en particulier, aucune autre peine que la mort serait de nature à traduire la révulsion suscitée par leur acte. Mais en vérité, Kant va même plus loin : il estime que la société entière a le devoir, à travers ses juges, de procéder à la punition du coupable et que dans le cas où elle ne le ferait pas, elle se rendrait en quelque façon « complice » du crime commis, faute d'avoir suffisamment manifesté sa désapprobation. C'est en ce sens que l'on peut comprendre le passage souvent commenté de « l'île déserte » (ou désertée). Kant nous propose l'expérience de pensée suivante : si des hommes vivant sur une île décidaient, pour une raison ou une autre, de ne plus faire société et de se disperser à travers le monde, devraient-ils tout de même faire exécuter les meurtriers condamnés à mort, alors qu'à l'évidence cela ne comporterait aucun avantage pour une société en voie de dissolution ? La réponse positive de Kant est le plus souvent interprétée comme le signe de son « rétributivisme » et comme une façon de souligner à quel point il serait contre-intuitif de répondre avec les utilitaristes que la sanction pénale ne se justifie plus dans un tel cas. Cela est en effet peu contestable. Mais s'il est clair qu'une exécution de cette sorte n'aurait aucun effet dissuasif, elle n'en serait pas moins dépourvue de toute sorte de « bénéfice », à en croire Kant : elle n'en continuerait pas moins selon lui d'être absolument nécessaire afin « que chacun éprouve la valeur de ses actes ». On prête rarement attention à ces derniers mots, mais ils montrent à quel point Kant intègre la fonction expressive de la peine au sein de sa justification. Si le crime ne doit pas rester impuni, c'est parce que son auteur doit se voir signifier publiquement que son acte n'aurait pas dû avoir lieu. En somme, la peine contribue à restaurer la valeur de l'interdit après sa violation. C'est pourquoi ce passage se termine sur l'idée assez étonnante (voire embarrassante) selon laquelle un crime resté volontairement impuni reviendrait à la charge du peuple « qui n'aurait point voulu ce châtiment, car il pourrait être considéré alors comme complice de cette violation de la justice publique[1] ». Kant voyait dans cette sorte de catharsis collective un ultime argument en faveur de la proportionnalité cardinale et, en l'occurrence, de la peine de mort.

Sans doute n'est-ce pas le moindre des paradoxes que le mouvement abolitionniste puisse néanmoins trouver chez Kant l'un des plus puissants arguments contre la peine de mort. Car par-delà la position adoptée par Emmanuel Kant lui-même, il est légitime de se demander dans quelle mesure la peine capitale constituait véritablement une conséquence inévitable de sa philosophie. Le premier à avoir soulevé cette question fut son disciple Johannes Gottlieb Fichte, qui osa affirmer que « le grand homme n'était pas infaillible[2] ». Mais la réplique de Fichte consista à soutenir, de façon radicale, que *toute* la philosophie pénale de Kant s'était égarée loin de la vérité. En effet, faute d'avoir tiré toutes les conséquences de la distinction fondamentale entre le

1. E. Kant, *Doctrine du droit*, *op. cit.*, p. 216.

2. J. G. Fichte, *Fondement du droit naturel selon les principes de la doctrine de la science*, trad. fr. A. Renaut, Paris, Puf, p. 291.

droit et la morale (ou plus précisément « l'éthique » au sens kantien) qu'il avait lui-même su poser de façon décisive dans l'« Introduction » de sa *Doctrine du droit*, Kant aurait eu le tort de soutenir une philosophie pénale globalement rétributiviste faisant de la sanction pénale une fin en soi, et non un simple moyen de faire respecter le droit [1]. Pourtant, quelle que soit la profondeur d'une telle critique, nous voudrions montrer qu'il n'est pas nécessaire de rejeter le rétributivisme kantien pour s'opposer à la peine de mort, dès lors qu'un principe moral vient limiter ce qu'il est légitime de faire au nom d'une justice pénale rétributive. Il s'agit là d'un point crucial à nos yeux : déconstruire autant que possible le lien supposé entre peine de mort et rétributivisme, plutôt que de chercher (en vain) à convertir les partisans du rétributivisme à une philosophie pénale qui n'est pas la leur.

Or si Kant adhère explicitement au principe du talion, il concède très vite qu'il ne saurait être question de l'appliquer à la lettre, précisément pour des raisons morales. Le philosophe a parfaitement conscience qu'il est tout simplement inenvisageable, dans de nombreux cas, de faire subir au coupable exactement le type de souffrances subies par sa victime, sous peine de voir l'institution judiciaire sombrer dans la barbarie. D'ailleurs, il est très significatif que Kant ait pris soin de préciser, même à l'égard des exécutions capitales, qu'elles ne devaient s'accompagner d'aucun « mauvais traitement » susceptible

1. Pour une analyse de la critique fichtéenne de la philosophie pénale de Kant, nous nous permettons de renvoyer à notre article : B. Basse, « Kant, Fichte et la peine de mort : le disciple a-t-il dépassé son maître ? », *in* P. Wotling et C. Denat (dir.), *Ruptures et innovations dans la philosophie allemande*, n° 16, Reims, Épure, 2021.

d'« avilir l'humanité dans la personne du supplicié[1] ». Bien sûr, cette remarque peut à bon droit plonger le lecteur du XXIe siècle dans une profonde perplexité : une exécution capitale n'est-elle pas en elle-même un « mauvais traitement » ? Mais il faut, pour bien la comprendre, rappeler qu'à l'époque de Kant, une mise à mort pouvait encore être précédée d'actes de torture sur le corps du supplicié. Or c'est précisément contre de tels actes qu'il s'élève, condamne en ce qu'ils sont profondément incompatibles avec le respect de la dignité de l'humanité. Contrairement à son disciple Fichte, Kant n'aurait jamais pu écrire que du point de vue du droit, « [le criminel] devient une chose, une tête de bétail[2] ». Au contraire, il demeure pour lui formellement interdit de traiter un être humain, quel qu'il soit, « comme un simple moyen », conformément à la seconde formulation de l'impératif catégorique (dans sa version éthique et non pas juridique). Il faut donc en convenir : la position de Kant constituait bien *pour l'époque* un progrès moral. Le fait qu'il ne soit pas allé jusqu'à considérer que la peine de mort était en elle-même contraire au concept de « dignité humaine » ne devrait donc pas nous étonner outre mesure. Nous l'avons vu, il estimait au contraire que seule la condamnation à mort du meurtrier permettait de reconnaître ce dernier comme un être pleinement libre et responsable, et par conséquent détenteur d'une dignité que ne possèdent ni les choses inertes, ni les êtres vivants soumis au déterminisme de la nature. Mais il n'en demeure pas moins que Kant est le philosophe des Lumières ayant su formuler un *principe d'humanité de la peine*, auquel

1. E. Kant, *Doctrine du droit*, *op. cit.*, p. 216, traduction modifiée.
2. J. G. Fichte, *Fondement du droit naturel*, *op. cit.*, p. 287.

il n'était jamais permis, à ses yeux, de déroger. De sorte que même le principe de proportionnalité cardinale, aussi important soit-il, doit être subordonné au principe suprême nous enjoignant de respecter la dignité humaine, y compris dans la personne du criminel.

Historiquement, l'exigence kantienne de ne recourir qu'à des peines respectueuses de la dignité humaine trouva sa traduction juridique dès le XVIIIe siècle, notamment dans le « Bill of Rights » de la Constitution américaine et son Huitième Amendement interdisant les peines inhumaines (*cruel and unusual punishments*). Or comme le souligne à juste titre Hugo Adam Bedau[1], il est frappant de constater que ni John Locke, ni ses principaux successeurs de langue anglaise n'avaient véritablement conceptualisé une limite *morale* à ce que le législateur était en droit de faire pour garantir la sécurité publique. Pour autant, jamais les rédacteurs de la Constitution américaine ne semblent avoir envisagé que la peine de mort puisse en elle-même relever de la catégorie des peines inhumaines ou « excessivement cruelles ». Sans doute cette expression désignait-elle pour eux – comme pour Kant – d'autres formes de supplices. Mais la façon dont une communauté politique interprète et applique ses grands principes juridiques n'est pas nécessairement figée dans le marbre. À en croire le philosophe du droit Ronald Dworkin, il est même inévitable que les juges *interprètent* les règles de droit. S'appuyant sur la pratique des juges américains en particulier, Dworkin montre que ces derniers cherchent à apporter la meilleure justification morale possible aux décisions judiciaires et aux principes légaux en vigueur. De sorte que le droit ne saurait être défini simplement comme

1. Hugo A. Bedau, *Death is Different*, *op. cit.*, chap. IV : « Cruel and Unusual Punishment », p. 93.

une collection de règles figées et mécaniques[1]. C'est donc en ce sens que l'on peut comprendre les débats autour de la question de savoir si la peine de mort constitue relève des peines inhumaines et excessivement cruelles.

Or il se trouve que la question de la constitutionnalité de la peine de mort fut posée devant la Cour suprême des États-Unis en 1972, dans le cadre de l'affaire *Furman v. Georgia*[2], et que la plus haute juridiction du pays se prononça (à 5 voix contre 4) en faveur de la constitutionnalité de la peine capitale. La Cour ne critiqua en somme que le mode d'application de la peine capitale dans certains États, jugeant qu'il constituait une violation du huitième et du quatorzième amendement de la Constitution des États-Unis, en raison de leur caractère arbitraire et discriminatoire. Néanmoins, il vaut véritablement la peine pour notre propos de nous intéresser à « l'opinion concordante » exprimée par le Juge Brennan qui fut l'un des deux seuls (avec le Juge Marshall) à exprimer une opposition *catégorique* à la peine capitale. Le juge Brennan, tout en étant d'accord avec la décision de la Cour d'invalider les lois en question, rédigea en effet une opinion distincte pour exprimer ses propres arguments et raisons supplémentaires de soutenir l'inconstitutionnalité de la peine de mort. On nous permettra de le citer afin que le lecteur se rende compte par lui-même de la tonalité très kantienne de son propos :

> Punir de mort a quelque chose de véritablement impressionnant. La mise à mort préméditée d'un être humain par l'État constitue, par nature, *une négation de l'humanité de la personne exécutée.* Le contraste

1. Voir R. Dworkin, *L'empire du droit*, trad. fr. Cl. Journès, Paris, Puf, 1994.

2. 408 U.S. 238 [1972].

> avec la détresse d'une personne punie d'une peine d'emprisonnement est évident. Un individu emprisonné ne perd pas le « droit d'avoir des droits ». [...] Un détenu demeure un membre de la famille humaine. [...] Une personne exécutée a réellement perdu son « droit d'avoir des droits ». Comme le déclara un partisan de la peine de mort au XIXe siècle, « lorsqu'un homme est pendu, cela met un terme à nos relations avec lui. Son exécution est une manière de dire « tu n'es pas fait pour ce monde, tente ta chance ailleurs ».
> Par conséquent, comparée à toutes les autres peines en vigueur, l'extinction délibérée d'une vie humaine par l'État revêt un caractère particulièrement *dégradant pour la dignité humaine* [1].

Certes, le langage de Kant et du Juge Brennan ne sont pas absolument identiques. Tandis que Brennan insiste sur l'humanité *de* la personne exécutée, Kant se réfère constamment à *l'idée d'humanité*, de façon plus abstraite. Autrement dit, ce n'est pas tant l'individu dans son empiricité et sa facticité qui est sacré aux yeux de Kant, que l'idée d'un être capable de s'auto-déterminer pour obéir à la loi morale. C'est la raison pour laquelle, la peine de mort en tant que telle ne constituait pas selon lui un sacrilège, dès lors qu'elle ne s'accompagnait d'aucun acte avilissant sur la personne du condamné. Pourtant, comment ne pas remarquer que le juge Brennan applique à la peine de mort le même jugement désapprobateur que Kant réservait à la torture ? D'aucuns estimeront peut-être qu'il ne demeure chez les assassins aucune « humanité » à respecter. Mais tel n'était précisément pas l'avis de Kant, pour qui la *possibilité* de résister à nos penchants

1. Cité par Nelson Th. Potter Jr, dans J. Kneller et S. Axinn (éd.), *Autonomy and Community*, *op. cit.*, p. 179, nous traduisons et nous soulignons.

égoïstes pour suivre la loi morale – qui n'est rien d'autre que notre liberté – demeure en tout homme une potentialité indestructible.

La position de Kant apparaît donc d'autant plus paradoxale de nos jours que son vocabulaire moral – centré sur les notions de « personne », de « respect » et de « dignité » de l'humanité – a largement imprégné le discours abolitionniste. Mais l'apport inestimable de sa réflexion aura précisément consisté à poser un *principe d'humanité des peines* dont les États de droit reconnaissent désormais la légitimité et au nom duquel la plupart d'entre eux s'interdisent aujourd'hui de condamner à mort leurs citoyens.

TABLE DES MATIÈRES

INTRODUCTION : UNE QUESTION DÉPASSÉE ? 7

CHAPITRE PREMIER : RÉTRIBUTIVISME ET PEINE DE MORT 15
- L'approche rétributiviste de la peine 16
- La défense rétributiviste de la peine capitale 19
- Peine de mort et dignité humaine 22
- Un abolitionnisme rétributiviste est-il possible ? 27
- Le risque de tuer des innocents 30

CHAPITRE II : UTILITARISME ET PEINE DE MORT 35
- La justification benthamienne de la peine 36
- La critique benthamienne de la peine de mort 39
- Pour un abolitionnisme principiel ou conséquentialiste ? 43
- Les exécutions sauvent-elles des vies ? 48
- Des exceptions utilitaristes ? 55

CHAPITRE III : LIMITER LE DROIT PÉNAL 63
- La colère justifie-t-elle la peine de mort ? 63
- Une peine « cruelle et inhumaine » ? 69
- Pour un minimalisme pénal 76

TEXTES ET COMMENTAIRES

TEXTE 1 : C. BECCARIA, *Des délits et des peines* 87
COMMENTAIRE : L'ABOLITIONNISME PARADOXAL DE BECCARIA 93

TEXTE 2 : E. KANT, *Doctrine du droit* 107
COMMENTAIRE : PENSER LA PEINE DE MORT, AVEC ET CONTRE KANT 111

TABLE DES MATIÈRES 131

DANS LA MÊME COLLECTION

Hicham-Stéphane AFEISSA, *Qu'est-ce que l'écologie ?*
Christophe AL-SALEH, *Qu'est-ce qu'une couleur ?*
Bruno AMBROISE, *Qu'est-ce qu'un acte de parole ?*
Jean-Pascal ANFRAY, *Qu'est-ce que la nécessité ?*
Alain ANQUETIL, *Qu'est-ce que l'éthique des affaires ?*
Valérie AUCOUTURIER, *Qu'est-ce que l'intentionalité ?*
Anne BAUDART, *Qu'est-ce que la démocratie ?*, 2e édition
Anne BAUDART, *Qu'est-ce que la sagesse ?*
Jiry BENOVSKY, *Qu'est-ce qu'une photographie ?*
Bruno BERNARDI, *Qu'est-ce qu'une décision politique ?*
Christian BERNER, *Qu'est-ce qu'une conception du monde ?*
Serge BOARINI, *Qu'est-ce qu'un cas moral ?*
Pol BOUCHER, *Qu'est-ce que l'interprétation juridique ?*
Hélène BOUCHILLOUX, *Qu'est-ce que le mal ?*
Christophe BOURIAU, *Qu'est-ce que l'humanisme ?*
Christophe BOURIAU, *Qu'est-ce que l'imagination ?*, 2e édition
Thomas BOYER-KASSEM, *Qu'est-ce que la mécanique quantique ?*
Florent BUSSY, *Qu'est-ce que le totalitarisme ?*
Alain CAMBIER, *Qu'est-ce qu'une civilisation ?*
Alain CAMBIER, *Qu'est-ce que l'État ?*
Alain CAMBIER, *Qu'est-ce qu'une ville ?*
Alain CAMBIER, *Qu'est-ce que la métaphysique ?*
Patrice CANIVEZ, *Qu'est-ce que la nation ?*
Patrice CANIVEZ, *Qu'est-ce que l'action politique ?*
Philippe CAPET, *Qu'est-ce que mentir ?*
Jean-Marie CHEVALIER, *Qu'est-ce que raisonner ?*
Simon-Pierre CHEVARIE-COSSETTE et Christian NADEAU, *Qu'est-ce que la responsabilité ?*
Stéphane CHAUVIER, *Qu'est-ce qu'un jeu ?*
Stéphane CHAUVIER, *Qu'est-ce qu'une personne ?*

Paul CLAVIER, *Qu'est-ce que la théologie naturelle ?*
Paul CLAVIER, *Qu'est-ce que le bien ?*
Paul CLAVIER, *Qu'est-ce que le créationnisme ?*
Jean-Pierre CLÉRO, *Qu'est-ce que l'autorité ?*
Jean-Pierre COMETTI, *Qu'est-ce qu'une règle ?*
Adélaïde DE LASTIC, *Qu'est-ce que l'entreprise ?*
Marc DE LAUNAY, *Qu'est-ce que traduire ?*
Steeves DEMAZEUX, *Qu'est-ce que la folie ?*
Guy DENIAU, *Qu'est-ce que comprendre ?*
Guy DENIAU, *Qu'est-ce qu'interpréter ?*
Julien DEONNA et Fabrice TERONI, *Qu'est-ce qu'une émotion ?*
Jérôme DOKIC, *Qu'est-ce que la perception ?*, 2ᵉ édition
Filipe DRAPEAU CONTIM, *Qu'est-ce que l'identité ?*
Éric DUFOUR, *Qu'est-ce que le cinéma ?*
Éric DUFOUR, *Qu'est-ce que la musique ?*,2ᵉ édition
Julien DUTANT, *Qu'est-ce que la connaissance ?*
Michel FABRE, *Qu'est-ce que problématiser ?*
Hervé GAFF, *Qu'est-ce qu'une œuvre architecturale ?*
Benoît GAULTIER, *Qu'est-ce que le pragmatisme ?*
Pierre GISEL, *Qu'est-ce qu'une religion ?*
Jean-Yves GOFFI, *Qu'est-ce que l'animalité ?*
Denis GRISON, *Qu'est-ce que le principe de précaution ?*
Gilbert HOTTOIS, *Qu'est-ce que la bioéthique ?*
Annie IBRAHIM, *Qu'est-ce que la curiosité ?*
Catherine KINTZLER, *Qu'est-ce que la laïcité ?*, 2ᵉ édition
Sandra LAPOINTE, *Qu'est-ce que l'analyse ?*
Michel LE DU, *Qu'est-ce qu'un nombre ?*
Pierre LIVET, *Qu'est-ce qu'une action ?*, 2ᵉ édition
Louis LOURME, *Qu'est-ce que le cosmopolitisme ?*
Fabrice LOUIS, *Qu'est-ce que l'éducation physique ?*
Michel MALHERBE, *Qu'est-ce que la politesse ?*
Paul MATHIAS, *Qu'est-ce que l'internet ?*
Lorenzo MENOUD, *Qu'est-ce que la fiction ?*
Michel MEYER, *Qu'est-ce que l'argumentation ?*, 2ᵉ édition
Michel MEYER, *Qu'est-ce que le théâtre ?*
Anne MEYLAN, *Qu'est-ce que la justification ?*
Cyrille MICHON, *Qu'est-ce que le libre arbitre ?*
Paul-Antoine MIQUEL, *Qu'est-ce que la vie ?*
Jacques MORIZOT, *Qu'est-ce qu'une image ?*, 2ᵉ édition

Sébastien MOTTA, *Qu'est-ce qu'une catégorie ?*
Gloria ORIGGI, *Qu'est-ce que la confiance ?*
Mélika OUELBANI, *Qu'est-ce que le positivisme ?*
Claire PAGÈS, *Qu'est-ce que la dialectique ?*
Claude PANACCIO, *Qu'est-ce qu'un concept ?*
Denis PERRIN, *Qu'est-ce que se souvenir ?*
Roger POUIVET, *Qu'est-ce que croire ?*, 2e édition
Roger POUIVET, *Qu'est-ce qu'une œuvre d'art ?*
Julien RABACHOU, *Qu'est-ce qu'un monde ?*
Manuel REBUSCHI, *Qu'est-ce que la signification ?*
Dimitrios ROZAKIS, *Qu'est-ce qu'un roman ?*
Jean-Marc SÉBÉ, *Qu'est-ce qu'une utopie ?*
Yann SCHMITT, *Qu'est-ce qu'un Dieu ?*
Alexander SCHNELL, *Qu'est-ce que le phénomène ?*
Franck VARENNE, *Qu'est-ce que l'informatique ?*
Hervé VAUTRELLE, *Qu'est-ce que la violence ?*
Joseph VIDAL-ROSSET, *Qu'est-ce qu'un paradoxe ?*
Joseph VIDAL-ROSSET, *Qu'est-ce que la négation ?*
John ZEIMBEKIS, *Qu'est-ce qu'un jugement esthétique ?*

Achevé d'imprimer en novembre 2025
sur les presses de
La Manufacture - Imprimeur – 52200 Langres
Tél. : (33) 325 845 892
N° imprimeur 250802 – Dépôt légal : novembre 2025
Imprimé en France